AF464556

1?-

2104

L'ANTHROPOLOGIE

PHILOSOPHIQUE

CONSIDÉRÉE COMME BASE DE LA MORALE

Thèse de doctorat d'université présentée à la Faculté des Lettres de l'Université de Paris

PAR

DANIEL FOLKMAR

PROFESSEUR D'ANTHROPOLOGIE A L'UNIVERSITÉ NOUVELLE DE BRUXELLES
ANCIEN LECTEUR DE SOCIOLOGIE A L'UNIVERSITÉ DE CHICAGO

PARIS

LIBRAIRIE C. REINWALD
SCHLEICHER FRÈRES, ÉDITEURS

15, RUE DES SAINTS-PÈRES, 15

—

1899

Tous droits réservés

8R
16527

L'ANTHROPOLOGIE

PHILOSOPHIQUE

L'ANTHROPOLOGIE

PHILOSOPHIQUE

CONSIDÉRÉE COMME BASE DE LA MORALE

Thèse de doctorat d'université présentée à la Faculté des Lettres de l'Université de Paris

PAR

DANIEL FOLKMAR

PROFESSEUR D'ANTHROPOLOGIE A L'UNIVERSITÉ NOUVELLE DE BRUXELLES
ANCIEN LECTEUR DE SOCIOLOGIE A L'UNIVERSITÉ DE CHICAGO

PARIS
LIBRAIRIE C. REINWALD
SCHLEICHER FRÈRES, ÉDITEURS
15, RUE DES SAINTS-PÈRES, 15

1899

Tous droits réservés

A MA FEMME

dont le dévoué concours m'a été si précieux

L'ANTHROPOLOGIE PHILOSOPHIQUE

CHAPITRE I

LE BUT DE CET OUVRAGE

Cette devise « la science pour la science » a eu son importance dans le monde de la pensée et dans le monde de l'action. Mais il est une idée plus noble, « la science pour l'humanité ». Elle est plus en accord, aussi bien avec le point de vue où se place le moraliste qu'avec celui où se place le philosophe qui spécule sur la vie humaine. L'homme n'a pas été créé pour la science, mais la science a été créée pour l'homme. Toute pensée, toute recherche sera estimée et jugée dans la mesure où elle sert les intérêts de la vie humaine. Ce ne sont pas seulement les curiosités qui méritent d'être des objets de recherches; ce qui est supérieur, ce n'est pas la puissance intellectuelle, qui procure le plus de jouissance en elle-même; c'est, au contraire, la découverte de faits et de lois pouvant trouver leur application dans les besoins de la vie humaine. Certainement bien des lois ont été découvertes par des savants qui ne partaient point de ce principe. Des gens qui faisaient de la science pour la science ont établi des corrélations entre des idées qui jusqu'ici étaient restées complètement isolées les unes des autres; ils ont formulé des lois d'une extrême importance pour l'existence humaine. Mais cette œuvre est justifiée uniquement parce qu'une telle recherche fait partie d'un système plus vaste de pensée et d'effort, parce qu'une semblable division du travail est nécessaire entre ceux qui découvrent, ceux qui généralisent et ceux qui inventent et appliquent. Considérée à un point de vue plus large, la justification de ces travaux est toute morale. Donc la sociologie et l'anthropologie ne doivent pas être étudiées pour elles-mêmes, mais dans l'intérêt de l'homme.

Les besoins de l'homme sont multiples et nombre de sciences ont contribué à les satisfaire. Mais il arrive un moment où le progrès matériel ne suffit plus aux besoins intellectuels et spirituels de la nature humaine. Il arrive un moment où l'homme se demande si la vie elle-même mérite d'être vécue et si le nouvel évangile du suicide n'est pas un sage remède à beaucoup de souffrances. Il arrive un temps où des choses qui jadis nous donnaient le goût de l'existence ont perdu tout leur attrait, où l'esprit perplexe se demande qu'elle est la véritable route à suivre, où la conscience troublée demande une lumière directrice. Alors se fait sentir la nécessité d'une philosophie plus adéquate à la vie humaine, d'une philosophie capable d'estimer à leur valeur relative les activités de la vie et d'indiquer à cette vie comme fin dernière un but noble et inspirateur.

Que faut-il faire? Quels sont les actes qui méritent le plus d'être accomplis? Ce sont là des questions qui relèvent du domaine de la morale. La seule réponse adéquate qu'on puisse leur donner devra être basée sur la connaissance de la nature de l'homme et de son histoire. Dans les questions de morale et dans bien d'autres domaines de la pensée, il nous faut préjuger de l'avenir par le passé. Les anciens systèmes de morale n'ont pas procédé de cette façon. Leur méthode n'a pas été la méthode inductive, mais la méthode déductive. Ils ont commencé par de brillantes généralités et par des assertions dogmatiques touchant le bien-être, le bonheur, la réalisation du moi, la vie complète, l'accomplissement d'un but divin, dont ils faisaient tour à tour le but moral de l'existence. Ils ont pris pour guide l'inspiration humaine ou divine plutôt que les calculs froids et logiques de la raison. C'est en cela qu'ils sont inadéquats. Le peu de concordance de leurs résultats est une preuve de leur insuffisance. Il y a eu certainement un certain fonds de vérité dans chaque système de ce genre. Plus d'une idée pratique y a trouvé place, soit logiquement, soit en dehors des règles de la logique, soit qu'elle ait été déduite par un raisonnement serré, tel but moral étant posé, soit qu'elle provienne inconsciemment d'un regard jeté sur les besoins et les rapports pratiques de la vie humaine. Mais il ne s'est pas encore trouvé de système de morale qui s'élevât contre les allégations plus ou moins justifiées des différents penseurs. Nos habitudes d'esprit sont si vicieuses dans ce domaine qu'il nous semble absurde de chercher en morale une certitude analogue à celle de sciences comme la physique, la mécanique et autres.

On peut et on doit arriver à une certitude de ce genre. Un des principaux buts de ce livre sera de le démontrer.

Nous sommes à une époque de démoralisation dans la sphère de la pensée et de l'action. Pour cette excellente raison que les hommes n'ont pu puiser aucune conviction dans les hypothèses des systèmes moraux et ont constamment révoqué en doute leurs points de départ et leurs principes, parce qu'ils ne possèdent aucune certitude intellectuelle, parce qu'ils ont perdu la foi dans leurs croyances de jadis, ils renoncent à toute action.

Ils errent à l'aventure sans guide, conduits par des motifs que leur conscience ne proclame ni les plus dignes, ni les plus nobles, mais qu'ils adoptent pour leur incertitude même, pensant échapper ainsi à toute responsabilité.

Cette instabilité d'équilibre, on la rencontre non seulement en morale, mais en politique, en religion, dans toutes les sphères d'action de la vie humaine. La religion chrétienne semble actuellement soumise à plus d'épreuves qu'aux jours de la Révolution française. Ce sont maintenant ses amis et ses plus grands soutiens qui l'attaquent au dedans, tandis qu'au dehors les assauts de la science ont redoublé d'énergie et partent d'une position plus inexpugnable que jamais. Quand une nouvelle religion est enseignée, les ignorants et les faibles perdent leur foi dans l'ancienne sans vouloir la remplacer. N'ayant plus comme appui ni la philosophie, ni la révélation, ils succombent souvent aux sollicitations violentes du désir animal. Car ils n'ont pas encore atteint cette phase de leur évolution morale et intellectuelle où ils seront capables de marcher droit sans guide.

Si toutefois il est possible de fonder des principes moraux sur les données indiscutables de la science, un tel système est de toute nécessité à l'heure actuelle. Les hommes qui ont permis à la foi de guider leur raison dans le passé demandent maintenant avec d'autant plus d'insistance à la raison de guider leur foi ou de la remplacer. Mais la raison, à notre époque, ne se contente plus de simples déductions ; elle demande des inductions et des généralisations plus larges. On peut nier que Herbert Spencer soit un positiviste, mais le positivisme d'Auguste Comte est le positivisme de tous les savants philosophes de notre temps. C'est de là qu'on est parti pour conquérir la science. La grande vérité dont il faut se rendre compte, c'est qu'il faut apporter le même esprit dans l'étude de la morale, et qu'il est possible d'établir un système de morale positiviste. Quelques reflets de cette vérité ont frappé les yeux du plus grand de nos philosophes, Herbert Spencer. Dans les années si fécondes d'où datent ses premiers ouvrages, il émit quelques idées pleines de promesses [1], mais son dernier traité [2] de morale témoigne de la désillusion qu'il rencontra lorsqu'il voulut chercher dans l'évolution des lumières pour la morale. En dépit de ses brillantes conquêtes dans le domaine de la science pure, il s'arrêta, hésitant, en présence du vaste et plus important domaine de la science appliquée. Spencer ne sut trouver qu'un guide, feu follet poursuivi par ses prédécesseurs, le bonheur.

Cependant nous trouverons beaucoup de choses à emprunter à l'étude de Spencer sur l'histoire de la morale et aux ambitieux ouvrages de Letourneau [3] sur le

1. Voir la préface de la Ire partie, livre I, *The Principles of Ethics*, New-York, 1891. Voir aussi : *Social Statics*, 1re édition.

2. Préface du livre II, *The Principles of Ethics*.

3. Voir spécialement son *Evolution de la morale*, Paris, 1887.

même sujet ; nous y rencontrerons beaucoup de choses qui, on peut le prévoir, seront une des pierres sur lesquelles s'échafaudera l'édifice de la morale future. Les méthodes de la science ont été découvertes et perfectionnées pour notre usage. Il nous reste seulement à donner une précision égale aux méthodes de l'art, car la morale est plutôt du domaine de l'art que du domaine de la science.

Ce dont se sont aperçus les écrivains précédemment indiqués, c'est que les sciences anthropologiques devraient fournir un fondement à la morale. Il n'existe encore aucune science qui étudie entièrement le passé et le présent de l'homme dans le but d'en tirer des indications pour son avenir. La science qui aura pour domaine tout ce champ d'études sera l'anthropologie philosophique. L'ancienne anthropologie physique ne couvrait qu'une partie de ce champ. Elle est arrivée à des résultats appréciables. La sociologie a fourni aussi une contribution encore plus importante. Les sciences sociales particulières ont fait des recherches dans diverses directions sur les rapports complexes de la vie humaine. A l'heure actuelle, on a besoin d'une science et d'une philosophie qui réunissent tout ces fils conducteurs en une seule main et qui impriment une direction aux forces du progrès. Du succès de cette entreprise dépend la destinée de l'humanité. Quand la société aura atteint un certain degré de complexité et de maturité, elle s'effondrera en vertu même de son propre poids si elle ne rencontre pas cette nouvelle base pour la soutenir.

Il se peut que la destinée de l'existence humaine reste obscure jusqu'aux jours où l'on aura prévu la destinée de l'univers. Il faut donc une morale plus large que la morale de l'homme ou de la vie en général. Cela admis, elle dépendra, en quelque sorte, de cette philosophie qui s'étend non seulement aux phénomènes de la biologie et de l'anthropologie, mais à tous les phénomènes de l'univers. Mais il faut se repéter avec confiance : chaque homme en particulier forme une parcelle de l'univers qui le contient ; sa destinée est, en quelque sorte, enfermée en lui-même, et on peut, jusqu'à un certain point, en prévoir et en prévenir le cours en passant en revue la marche du passé. Bien plus, il sera possible de faire servir aux besoins de l'anthropologie les données de toutes les sciences physiques qui peuvent éclairer les relations existant entre l'homme et le milieu ambiant. Dans cette parcelle de la nature que nous appelons l'homme, on peut retrouver les éléments de l'évolution la plus haute et la plus lointaine. Dans l'immense progrès accompli par ses facultés et ses activités depuis leur plus humble origine jusqu'à l'état de complexité infinie où elles se trouvent à l'heure présente, on peut, dès maintenant, entrevoir prophétiquement l'avenir merveilleux qui s'ouvre à lui ; on peut voir rayonner la nouvelle étoile de Bethléem qui l'inspirera et le guidera vers la foi. Tout ce que nous venons de dire est la grande justification des idées, qui, inconsciemment, ont amené les hommes de tous pays, il y a une vingtaine d'années, à se convaincre de la nécessité d'une sociologie.

Ce qui justifie la sociologie, c'est qu'elle est une partie de l'anthropologie philosophique et que, comme elle, elle contribue à l'étude des rapports sociaux, à l'étude des expériences et des forces sociales, étude nécessaire si nous voulons prendre des décisions en morale sociale.

Après avoir examiné la nécessité et le but d'une nouvelle anthropologie, il faut nous demander si on peut lui assigner une place dans une classification philosophique des sciences; il faut nous poser cette question: Quel est son domaine, quels sont les objets de ses investigations? Notre réponse dépendra en partie de la solution qu'on donnera aux questions suivantes: Qu'est-ce que l'homme par rapport aux autres animaux? Que peut dire la biologie de son passé et de son avenir? La psychologie et la physiologie peuvent-elles deviner, d'après sa constitution en tant qu'individu, les possibilités et les destinées de la race?

D'après les résultats de l'anthropologie, de la psychologie et de la physiologie modernes, que peuvent faire la philosophie et la morale en les appliquant à la formation d'un système positif de morale? La véritable philosophie sociale et la morale sociale découlent-elles de l'anthropologie et s'appuient-elles nécessairement sur cette science?

Mais voici la question principale: quel principe de classification adopterons-nous, pour déterminer la hiérarchie et les rapports réciproques des sciences? Des différentes réponses qui ont été données à ces questions sont nés les innombrables systèmes de classification. Comme le cas relève plutôt de la philosophie générale que de l'anthropologie, il suffira de résumer en une phrase l'opinion de l'auteur: au lieu de diviser les sciences d'après leur ordre logique ou chronologique, il est plus important de les diviser par rapport aux besoins de l'espèce humaine, c'est-à-dire en tenant compte de leurs relations avec la fin morale et avec les moyens nécessaires pour atteindre cette fin. La classification la plus désirable n'est pas, par exemple, celle qui admettrait dans l'étude de n'importe quelle espèce du monde animé autant de spécialistes qu'elle en admettrait dans l'étude de l'espèce humaine.

C'est celle qui considère l'étude de l'homme comme supérieure en importance à toute autre étude, celle qui considère l'étude de ses facultés, de sa destinée et des moyens de réaliser cette destinée, comme plus importante que l'étude de ses muscles et de ses os, ou que l'étude des ustensiles des tribus sauvages. C'est une classification de ce genre qu'il nous faudrait rencontrer dans les collèges et les universités. Ne pouvons-nous pas dire qu'une telle division du domaine de la science est la division idéale, bien préférable à la division actuelle du travail, qui n'assigne point à des spécialistes l'étude des problèmes moraux et sociaux de la plus haute importance, tandis qu'elle leur confie l'étude des pierres ou des arbres et les autres sciences actuellement en faveur et d'une innocuité parfaite?

Examinons brièvement la classification des sciences, qui a été le plus généralement adoptée dans ces derniers temps, en théorie et en pratique, celle d'Auguste Comte. A son avis, les sciences fondamentales ne peuvent être rangées que dans l'ordre suivant: 1° mathématiques; 2° astronomie; 3° physique; 4° chimie; 5° biologie; 6° sociologie. C'est, comme il le disait, un ordre de complexité croissante et de généralité décroissante[1]. Bien que le grand philosophe anglais Spencer[2] ait proposé, peut-être dans un esprit d'émulation, une autre classification, il lui a été impossible d'échapper à celle d'Auguste Comte. L'ordre même des livres de la *Philosophie synthétique* le démontre suffisamment.

1. *Cours de philosophie positive*, 2e édition, Paris, 1852, fin de l'Introduction, vol. I, p. 88.

2. *Classification des sciences*. Traduction de l'anglais sur la 3e édition, par J. Réthoré, Paris, 1872.

La science de la biologie peut inclure tous les phénomènes de la vie, même ceux de la vie psychique. Auguste Comte lui-même le montre, quand il divise le livre V[1] *de la Biologie.* Si l'on peut démontrer que les phénomènes sociaux sont toujours réductibles à l'action d'un individu conscient sur un autre individu, il n'y a aucun phénomène social qui ne puisse être expliqué par les lois de la psychologie ou de la biologie, et ces dernières sciences devraient être placées à la fin de la série. Mais, même si les phénomènes étudiés par les sociologues rentraient dans les sciences de la psychologie et de la biologie, devrions-nous, par suite, nier l'existence d'une science sociale et déclarer que les deux sciences nommées précédemment suffisent? Pas le moins du monde. En premier lieu, il doit y avoir des sciences subordonnées à celles dont Auguste Comte a dressé la liste. C'est d'ailleurs son avis, et l'avis de tous ceux qui ont écrit sur ce sujet. Il s'ensuit que la sociologie peut être étudiée comme une science à part, même si elle est subordonnée à la biologie. Mais, en second lieu, d'après les principes posés plus haut, la chose à considérer avant tout dans une science, ce ne sont pas tant ses rapports logiques ou chronologiques avec les autres sciences que son importance au point de vue humain, au point de vue des intérêts premiers de la vie humaine.

C'est enfin une question d'économie dans la division du travail. Les sciences sociales, économiques, morales, et tant d'autres, qui sont d'une importance essentielle à chaque instant de la vie humaine, peuvent-elles atteindre un développement suffisant entre les

1. Le chapitre VI du livre V traite *des fonctions intellectuelles et morales ou cérébrales.*

mains des biologues et des psychologues? Non, leur domaine est trop vaste pour que l'on puisse donner une attention assez suivie à toutes les divisions que nécessite le développement de la pensée sociologique. Il faut des spécialistes qui puissent consacrer leur existence à des recherches très érudites, suivant une préparation technique très profonde. Sans cela ces sciences sociales n'atteindront jamais à un bien haut développement. Quand on considère leurs méthodes et l'éducation préliminaire qu'il est nécessaire d'acquérir, si l'on veut s'y livrer d'une façon efficace, on voit clairement que c'est là, de tous les groupes de sciences, le plus difficile, celui qui demande la plus rigoureuse spécialisation. Et cependant l'idée la plus répandue non seulement dans le peuple, mais même parmi les savants, semble être que ces sciences peuvent être plus négligées que toutes les autres et que l'on peut en abandonner l'étude à l'esprit inculte des foules et aux méthodes démagogiques de réformateurs et de politiciens charlatans.

Enfin la plus grande partie de l'étude de la vie humaine, telle qu'elle est présentée dans ces chapitres, trouve sa justification dans l'intérêt des méthodes scientifiques, même s'il ne lui a pas été assigné de rang distinct dans une classification systématique des sciences; car la découverte d'idées nouvelles naît souvent de nouveaux rapprochements d'idées anciennes, et on y contribue en opérant sur toutes les combinaisons possibles de sciences. Cela servira, par suite, non seulement à réunir plusieurs branches de l'anthropologie philosophique dont on donne ici une esquisse, branches que se sont jusqu'ici partagées les divers spécialistes, mais encore à montrer que la vie humaine, à chacune de ses phases, doit être étudiée dans ses rapports avec les objets environnants, et une synthèse de l'ensemble ne sera pas moins profitable à la découverte de rapports nouveaux et plus généraux.

Cela justifie donc non seulement l'existence de l'anthropologie et de la sociologie comme sciences distinctes, mais celle d'un grand nombre de subdivisions de ces sciences dont nous nous occuperons dans le prochain chapitre. Il est cependant une recommandation sur laquelle on ne saurait trop insister. Il ne faut pas que dans l'étude de ces sciences les spécialistes agissent comme on peut reprocher aux économistes de l'avoir fait jadis. Ils ne doivent pas poursuivre l'étude de la science qu'ils ont choisie comme si elle était indépendante de toutes les autres; ils doivent se rendre compte que ces sciences particulières sont seulement des rameaux de sciences plus générales, que les vues des spécialistes des sciences particulières doivent être sans cesse rectifiées par celles des spécialistes des sciences plus générales qui peuvent observer le terrain sous un angle plus large et saisissent mieux les proportions qui doivent exister entre les diverses parties; enfin et surtout, dans chaque science sociale, le spécialiste doit posséder des notions préliminaires très sérieuses des sciences plus générales, voisines de sa science spéciale et qui lui servent de base, des notions non seulement de psychologie et de biologie, mais même, jusqu'à un certain point, de philosophie, de physique, de chimie, et même de mathématiques.

Parmi les adversaires d'une science, on rencontre toujours un certain nombre de spécialistes de celles des sciences qui, plus anciennes, sont le plus étroitement apparentées à la science considérée. Par exemple, l'anthropologie philosophique sera prise à partie par les savants qui font autorité dans les questions d'anthropologie physique, c'est-à-dire de l'anthropologie considérée comme branche de la biologie. Mais ne sont-ils pas les premiers à vouloir que l'anthropologie devienne une science plus large? Les discussions de Spencer et d'autres philosophes sur des problèmes biologiques, tels que la loi de l'évolution ou du transformisme, n'ont-elles pas abouti à une biologie philosophique? Le domaine de la biologie ne s'est-il pas peu à peu agrandi au point de s'étendre aux phénomènes psychiques, puis aux phénomènes sociaux, bref à tous les phénomènes vitaux? Et l'anthropologie biologique ne doit-elle pas s'étendre par l'adjonction de la biologie de telle façon qu'on puisse y faire rentrer autre chose que la structure physique de l'homme?

Mais on admet bien que la psychologie est une science véritable. Pourquoi l'anthropologie ne serait-elle pas aussi bien une science si elle revendiquait, usurpait, si vous voulez, tous les sujets qu'étudient la psychologie et même la sociologie, l'ethnologie, l'histoire, la statistique, bref toutes les autres sciences qui traitent de l'homme? La seule différence, c'est que, pour faire les recherches et les généralisations, au lieu d'un ou de quelques spécialistes peu nombreux, il en faut un grand nombre. Mais y a-t-il pour cela moins d'unité? Les résultats ont-ils moins de corrélation et ne se corrigent-ils pas moins mutuellement? En un mot une division croissante du travail ne doit-elle pas s'accompagner d'une profondeur plus grande des connaissances, c'est-à-dire d'une philosophie plus parfaite? Enfin, et c'est le point capital, une connaissance aussi large et aussi unitaire de la vie humaine est la base nécessaire de toute morale, de tout art et de toute action.

Cela nous conduit à examiner une dernière question générale, qui a été très négligée par les philosophes aussi bien que par les savants, celle des rapports existant entre les sciences et les arts. On n'a jusqu'ici écrit aucune philosophie adéquate de l'art, ce mot étant employé dans le sens le plus large pour indiquer l'étude de ce qui doit être ou devrait être, le choix de fins à poursuivre et de moyens d'y atteindre. N'a-t-on pas le droit de dire que de telles études sont d'une importance plus directe et plus absolue relativement à l'espèce humaine que l'étude des différents domaines de la science? Dans l'histoire de l'humanité, il y a eu toujours des arts, même s'ils n'étaient pas accompagnés de sciences dans le sens strict du mot. L'homme agit, qu'il possède ou non la somme de connaissances qui lui permettra d'agir de la façon la plus économique. Ne pourrions-nous pas, en partant de ce point de vue, aller plus loin et dire qu'une science n'a le droit d'entrer dans une classification qu'autant qu'elle peut être utile à un art?

Quelle importance cela a-t-il dans les arts anthropologiques et sociaux? La question capitale, dans toute étude de l'homme, dans toute spéculation sur ce sujet, est de savoir comment l'homme doit agir de façon à satisfaire ses besoins. Il doit connaître ceux de ses besoins qui sont les plus essentiels. Il doit, en un sens, savoir en quoi consiste la vie complète, en quoi consiste le bonheur complet et doit ensuite connaître le moyen de réaliser ces fins. Cette connaissance, et c'est la conviction de l'auteur, doit être déduite principalement de la science ou de la philosophie de l'anthropologie. Mise en forme d'une façon rigoureusement systématique, érigée en principes ou règles de conduite et appliquée dans la pratique, cette connaissance sera ce que nous appelons l'art de la morale. En tant qu'art de la vie humaine, n'est-il pas évident qu'on peut l'appeler l'aspect « art » de l'anthropologie, entièrement distinct de son aspect « science »? N'est-il pas évident également qu'il y a un art de la sociologie et de la morale sociale distinct de la science de la sociologie et s'appuyant sur cette dernière? Telle est la thèse soutenue dans cet ouvrage. D'après sa classification, l'anthropologie philosophique et la sociologie comprennent à la fois ces arts et ces sciences, l'un ne peut être étudié sans l'autre. L'art sans la science est une chose instable. Il lui manque toutes les connaissances sans lesquelles il ne peut agir efficacement. La science sans l'art est stérile, elle n'est justifiée que par la légère satisfaction qu'elle peut procurer en tant qu'exercice intellectuel.

Par suite, dans notre classification, les arts anthropologiques et sociaux peuvent être placés au-dessus des sciences correspondantes. Les arts peuvent être subdivisés ou classés d'après l'importance qu'ils ont dans la satisfaction des besoins humains, d'après, aussi, leur difficulté et le degré de spécialisation nécessaire à chacun d'eux. Quant aux sciences, elles seront classées d'après leur degré d'utilité pour tel ou tel art. Au point de vue idéal, l'art est, en toute circonstance, la raison d'être de la science; il est là pour formuler les problèmes et diriger les recherches de la science. Cela admis, il devient évident que la morale étant le plus important des arts parce qu'il est le plus général, l'anthropologie, qui est le fondement de l'éthique, doit être mise au rang d'honneur parmi les sciences.

Nous pouvons dès maintenant nous préparer à donner une définition préliminaire et provisoire, en reconnaissant toutefois que des définitions prennent mieux leur place à la fin qu'au début d'un ouvrage. Chaque nouveau chapitre ne fera qu'éclairer les termes de la formule suivante :

L'anthropologie philosophique peut être définie : cette partie de la philosophie qui traite de la vie humaine, comprenant à la fois les généralisations les plus larges des sciences de la vie humaine et de la philosophie de l'art de vivre. Elle comprend, par suite, tout ce que l'on peut savoir ou prévoir au sujet de l'homme, son passé, son présent, son avenir. L'anthropologie, ainsi définie, comprend l'éthique et tous les champs d'étude de la sociologie appliquée ; elle comprend également toutes les sciences spéciales qui s'occupent de l'homme, l'ethnographie, l'ethnologie, l'histoire, la physiologie humaine, la psychologie, etc. D'autre part, l'anthropologie est une subdivision de la biologie philosophique. Bref, l'anthropologie est la philosophie de la vie humaine. Étant cela, elle doit tenir compte de tous les facteurs de la vie humaine. En tant que philosophie inductive et science générale, elle doit confier aux sciences en lesquelles elle se subdivise l'étude particulière de la grande masse des faits et s'occuper elle-même de coordonner et d'appliquer les généralisations opérées par ces sciences secondaires.

Cet effort pour arriver à une anthropologie plus large est-il soutenu par les tendances et les discussions actuelles? De notre temps, il se manifeste plusieurs courants d'opinion, en partie étrangers les uns aux autres, et jusqu'ici plus ou moins dénués de direction philosophique, mais qui semblent converger vers le même résultat. Sans parler des anthropologies, qu'elles aient été ou non désignées par ce terme, comme celle de Kant[1] et de Lotze[2], certains écrivains européens ont tenté, dans ces dix dernières années, de sortir des limites de l'ancienne anthropologie physique. En 1889, Manouvrier[3] publia une classification qui assigne une place même aux arts anthropologiques. Mais c'est en Amérique que la « nouvelle anthropologie » a reçu son nom : c'est là qu'elle a publié ses plus ambitieuses professions de foi. C'est le trait caractéristique d'une école distincte, « l'école américaine d'anthropologie », ayant à sa tête tous ceux qui dirigent l'œuvre anthropologique du gouvernement et des associations scientifiques. Les anthropologistes américains, comme tous les penseurs américains en général, ont été aventureux, se sont débarrassés des entraves et de la tradition et se distinguent par une certaine dose d'idéalisme. On peut dire que les tendances de l'école américaine se sont manifestées pour la première fois, en une certaine mesure, dans l'excellent ouvrage de Morgan, paru en 1887[4]. En 1892, la classification de Brinton fut présentée pour la première fois à l'Association américaine pour l'avancement des sciences. Le germe de la classification de Powell apparut de bonne heure dans les

1. Immanuel Kant, *Anthropologie in Pragmatischer Hinsicht*, Königsberg, 1820, 3e édition.

2. Hermann Lotze, *Mikrokosmus. Ideen zur Naturgeschichte und Geschichte der Menschheit. Versuch einer Anthropologie*, Leipzig, 1856.

3. L. Manouvrier, *Classification naturelle des sciences.* Association pour l'avancement des sciences. Conférences de Paris, 1889, 2e partie, pp. 662-682.

4. *Ancient Society* ébauché dans son livre *Systems of Consanguinity and Affinity of the Human Family*, Washington, 1877.

Rapports du Bureau d'ethnologie américaine[1]. Elle était accompagnée d'une classification des peuples, « d'après les activités humaines plutôt que d'après les traits extérieurs corporels », donnant ainsi naissance à une « ethnologie nouvelle », dont l'apparition, de l'avis Mc Gee, marque le progrès le plus notable dans l'histoire de l'anthropologie[2].

La nouvelle éthique semble être une production spontanée de plusieurs pays, bien que jusqu'ici elle manque de cohésion et n'ait pas encore pris conscience d'elle-même. Spencer, qui en a ébauché les premières lignes, a travaillé, il y a soixante ans, à fonder la morale sur une base positive[3]. Cependant il est resté d'une façon bien étrange au-dessous des conclusions de sa propre philosophie évolutionniste, par exemple, dans cette idée que l'évolution est le but de la morale. En France, Letourneau termine plusieurs de ses aperçus historiques par des conjectures sur l'avenir[4], mettant ainsi en pratique ce que les moralistes déterministes sont obligés de reconnaître en théorie, à savoir que prévoir l'avenir, c'est tout ce que peut encore faire la morale. Guyau et Fouillée, d'une façon plus théorique,

1. Etablie d'une façon plus philosophique par Mc Gee dans le rapport pour l'année 1894. Voir aussi Mc Gee dans *American Anthropologist*, 1897, pp. 263-266.

2. W.-J. Mc Gee, *Fifty Years of American Science*, dans la *North American Review*, septembre 1898, vol. XXXII, p. 307.

3. Il cite lui-même son « premier essai, écrit déjà en 1849 », et il ajoute : « A partir de cette époque, le but que j'ai poursuivi sans cesse, le but que j'entrevoyais derrière tous les autres, ç'a été de trouver une base scientifique aux principes du bien et du mal dans la conduite de la vie en général. » Préface à la Ire partie de *Principles of Ethics*, vol. I.

4. Lire, par exemple, *l'Evolution du mariage et de la famille*, par Charles Letourneau, Paris, 1888, chap. XX, et *l'Evolution de la propriété*, Paris, 1889, chap. XX.

et plus systématique, ont été courageusement jusqu'au bout de leur raisonnement déductif et ont abouti à une morale « sans obligation ni sanction »[1].

En Amérique, Ward, bien qu'hostile à la morale dans le sens ordinaire de ce mot et ne lui consacrant qu'une place fort restreinte dans sa *Science sociale appliquée*[2], a cependant établi solidement et profondément les bases de la morale pratique. L'activité des sociétés[3] pour la culture morale offre un nouvel exemple des tentatives faites en Amérique pour donner dans la pratique une solution aux problèmes moraux.

Telles sont donc les différentes tendances de notre époque réunies, par d'autres écrivains, sous les noms de « nouvelle anthropologie », « nouvelle ethnologie », « nouvelle morale ». (Peut-être faut-il ajouter à cette liste une « nouvelle sociologie » ?) Ces écrivains, nous l'avons vu, se distinguent par une méthode plus positive et une philosophie plus large que celle de leurs prédécesseurs. Cela prouve que les dernières divisions de la nature, celles de la vie et de la conduite humaine, ont été rangées sous les grandes généralisations modernes de l'universalité de causation et de l'uniformité de la nature. On s'est attaqué à ces problèmes, surtout dans leur aspect moral, avec beaucoup de crainte et de timidité, mais en même temps aussi avec ferveur et enthousiasme. L'anthropologie philosophique qui embrasse tous ces problèmes a été jusqu'ici

1. M. Guyau, *Esquisse d'une morale sans obligation ni sanction*, Paris, 1885. — Alfred Fouillée, *Critique des systèmes de morale contemporaine*, Paris, 2e édition, 1887.

2. Lester F. Ward, *Dynamic Sociology or Applied Social Science*, vol. II, New-York, 1883.

3. Sous la direction de Félix Adler, directeur du *International Journal of Ethics*, New-York.

informe, primitive et sans conscience d'elle-même. Si elle arrive à faire prévaloir l'importance immense qu'elle a vis-à-vis de la morale positive et si elle prête consciemment son concours à la tentative faite pour diriger d'une façon rationnelle les efforts humains, elle s'élèvera au rang qu'elle mérite d'occuper, elle sera le plus noble sujet des spéculations humaines, le couronnement et la consécration de toute science et de toute philosophie.

Une anthropologie comme celle dont nous venons de tracer les grandes lignes devint possible lorsqu'on transporta dans l'étude de la vie humaine certaines grandes généralisations de la science et de la philosophie modernes. Il reste à en parler un peu et à signaler les rapports à établir entre les sciences anthropologiques et les sciences non anthropologiques, étant donnée la dépendance des premières à l'égard des dernières. La discussion des méthodes empruntées aux sciences mathématiques, physiques et biologiques sera renvoyée au chapitre III.

On trouverait peu de sciences aussi éloignées de l'anthropologie que la physique et la chimie. Cependant Bagehot[1] a écrit un volume dont la valeur a été reconnue, sur *la Physique et la Politique*, et il suffit d'un moment de réflexion pour nous rappeler qu'il y a une connexité vitale entre les sciences dont il parle. Bien plus, la science moderne rend de plus en plus évident ce fait, que l'homme et ses institutions sociales ne dépendent pas seulement de leur milieu physique, mais que l'homme lui-même est simplement une humble fraction de la nature et est soumis aux lois

1. Walter Bagehot, *Physics and Politics, an Application of the Principles of Natural Selection and Heredity to Political Society.*

qui régissent le grand tout. Il se peut que le progrès futur de l'anthropologie nous montre dans les actions humaines et sociales une simple réaction de l'homme sur les forces qui l'environnent. Donc, il nous faut étudier les lois de la matière et du mouvement si nous voulons comprendre et expliquer les phénomènes en question.

Un des plus grands services rendus par la physique aux autres sciences a été de formuler la loi de la conservation de l'énergie. Peut-on douter que cette loi ne garde toujours sa valeur dans le monde mental et, par suite, dans le monde moral? Chaque individu de la société qui reçoit le choc des forces extérieures, que ce choc provienne d'êtres organiques ou de l'organisation sociale qui l'entoure, chaque individu se contente certainement de transmettre ces forces sout des formes différentes. Peut-être passent-elles à l'état d'idéation, mais elles finissent par être exprimées sous quelque forme. Quand un individu fait agir ces forces sur un autre individu, on les appelle phénomènes sociaux. La chimie a découvert une autre grande loi qui est connexe à la précédente : la loi de l'indestructibilité de la matière. L'indestructibilité de la force, la persistance du mouvement dans l'atome, ce sont des faits d'une importance énorme dans l'anthropologie et dans les sciences qui y rentrent. La chimie a joué un grand rôle dans la psychologie physiologique en ces dernières années. Peut-on identifier l'activité mentale avec l'activité cérébrale, et l'activité cérébrale peut-elle se ramener à une modification chimique des cellules de cerveau? Ceux qui veulent faire leur spécialité de cette subdivision de l'anthropologie, la psychologie, doivent s'attacher à connaître à fond tous les emprunts faits par la psychologie aux résultats de la physique et de la chimie. Avant d'abandonner ce sujet, ne pourrait-on pas suggérer une idée aux chimistes? Quand on jette les yeux sur tout le champ des efforts humains et sur la somme de travail qu'exige la satisfaction des besoins humains, on voit clairement qu'à l'heure actuelle la chimie psychologique serait pour la chimie un terrain de généralisation extrêmement important. Que peuvent faire les chimistes pour jeter un peu de lumière sur les phénomènes de la psychologie et de la physiologie humaine? Les phénomènes vitaux peuvent-ils être ramenés à des formules chimiques? Quelles modifications se produisent dans les cellules nerveuses au cours des sensations et de l'idéation?

Il est évident que, si la physique et la chimie rendent des services à l'anthropologie en qualité d'étude du milieu dans lequel vit l'homme, des recherches plus approfondies en géographie et en géologie rendront le même service. L'influence du milieu sur un peuple peut être étudiée autrement que par une analyse chimique du sol. On peut se livrer à des généralisations plus faciles et plus vastes, par un simple coup d'œil superficiel jeté sur un pays ou sur une région, sur ses montagnes et ses plaines, ses rivières et ses lacs, sa température et son état atmosphérique. On sait quelle importance les écrivains modernes ont attachée à ces facteurs pour arriver à expliquer l'histoire et l'ethnologie des différents peuples. Le *Développement intellectuel de l'Europe*, de Draper, est un des meilleurs exemples de cette méthode de raisonnement poussée à l'extrême. Les lois relatives à la vie humaine, en général, ne peuvent être appliquées à un groupe particulier d'individus qu'à condition de tenir un compte suffisant de l'influence du milieu physique.

Si la thèse soutenue dans ce livre est juste, si la biologie contient l'anthropologie et la sociologie, il nous est inutile de rien ajouter pour démontrer l'importance capitale des études biologiques pour ces dernières sciences. L'anthropologie n'étudie qu'une espèce du règne animal. La zoologie en étudie toutes les espèces. Peut-on bien connaître une espèce sans s'occuper des autres ? Certainement non, si toutefois il y a quelque chose de vrai dans les théories évolutionnistes maintenant universellement admises. Jusqu'à un certain point, l'étude de l'homme rentre dans le domaine d'une étude plus vaste de la vie en général, étude qui constitue l'objet de la biologie. La vie de l'homme, dans ses traits fondamentaux, doit être expliquée d'après les lois biologiques de la nutrition, de la croissance, de la reproduction, de la motilité et de l'innervation. Nous pouvons, sans hésiter, aller plus loin, et nous attendre à voir des lois fondamentales de l'anthropologie et de la sociologie suggérées par celles de la biologie. Passons en revue quelques-unes de ces dernières. Une des plus grandes généralisations opérées par les biologues modernes est la loi de l'évolution, exposée d'abord par Darwin, élaborée plus tard et élargie par Herbert Spencer[1]. Cette loi est déjà une des généralisations fondamentales relatives à la vie et aux sociétés humaines. Les individus et les races passent-ils d'un degré inférieur de la civilisation à un degré plus élevé, et, si l'on peut proprement parler de l'évolution

1. Charles Darwin, *Origin of Species*, § 824.
Herbert Spencer, *First Principles*, New-York, 4e édition, chap. XIV-XVII.

de collectivités, les sociétés passent-elles par des phases diverses d'évolution ? Cela est déjà une vérité évidente. Ayons donc bien présent à l'esprit ce que l'on entend par évolution. Dans la prochaine discussion, nous nous reporterons précisément à la formule de Spencer[1].

Les idées de la survivance des plus aptes et de l'adaptation au milieu sont aussi d'une grande importance en anthropologie. La pédagogie et les subdivisions de l'anthropologie et de la sociologie qui discutent les méthodes de réformes et de progrès sociaux doivent finalement baser leurs principes sur ces généralisations. Elles doivent comprendre l'influence relative de l'hérédité et du milieu dans la détermination du caractère humain.

Nous arrivons enfin au sujet qui contient tous les autres, à la philosophie, la science de toutes les sciences, celle qui élargit toutes les généralisations et prend l'univers pour son champ d'étude. Comme nous l'avons déjà dit, l'anthropologie philosophique et la sociologie ne sont que des subdivisions de la philosophie. Elles ressemblent plus à la philosophie qu'à la science, car elles ne s'occupent que des généralisations des sciences qui leur sont subordonnées et n'entreprennent pas l'étude directe des phénomènes de la vie individuelle ou sociale. En tant que sections de la philosophie, elles doivent être étudiées en tenant compte des autres sections. L'homme n'est qu'une partie de l'univers et ne peut être étudié qu'avec l'aide des lois qui régissent

1. « L'évolution est une intégration de la matière et une dissipation concomitante de mouvement, pendant laquelle la matière passe d'un état d'homogénéité indéfinie et incohérente à un état d'hétérogénéité définie et cohérente, et pendant laquelle le mouvement non utilisé passe par une transformation parallèle. » Herbert Spencer, *First Principles*, 4e édition, New-York, p. 334.

l'ensemble du monde. Toutes les écoles philosophiques, positivistes ou idéalistes, ont eu leur philosophie de la nature humaine, de ses rapports avec les choses ambiantes, de sa destinée et de ses devoirs. On ne peut pas douter que, par la largeur de leurs vues, ces systèmes n'offrent un important moyen de contrôle et de correction et ne fournissent des idées de la plus grande valeur qui servent à compléter et à éprouver les généralisations tirées par induction des sciences anthropologiques et sociales.

C'est la philosophie qui a admis, si elle ne les a pas formulées, les lois physiques, chimiques, biologiques indiquées précédemment, et les a rendues universelles. L'universalité de causation est le dernier mot qui fera de l'anthropologie une science véritable. On ne peut se rendre compte de l'importance capitale de cette loi qu'en considérant la portée qu'elle a dans la doctrine psychologique du libre arbitre et dans les théories sociales et politiques qui s'appuient sur cette doctrine. Mais partout où la science a gagné en certitude, la morale et la religion ont perdu leurs appuis d'autrefois. Jamais le besoin ne s'était fait sentir plus que maintenant d'avoir des vues audacieuses et lointaines, et en même temps de pénétrer sérieusement et respectueusement dans ces vénérables domaines de la pensée. C'est imbu de cet esprit que l'auteur a pris la plume, quelque imparfait que doive être son livre.

CHAPITRE II

LA TACHE DE L'ANTHROPOLOGIE PHILOSOPHIQUE

Le but d'une classification, a dit Stuart Mill, « c'est de permettre à la pensée de grouper des objets et d'ordonner ces groupes d'objets de la façon la plus favorable pour en fixer et en déterminer les lois[1] ». Cette phrase indique immédiatement l'importance et la difficulté d'une bonne classification. Elle suppose qu'avant de commencer une classification le classificateur a déjà une idée des lois à déterminer. Est-ce notre cas, en ce moment? On ne pourra le savoir qu'à la fin de cet ouvrage. En attendant, il nous faudra affirmer quelques idées générales en nous réservant de les justifier plus tard en même temps que la classification à laquelle elles serviront de base. Il nous faut admettre deux choses : 1° Il est entendu par définition que dans l'anthropologie philosophique rentre l'étude de tout ce qui est relatif à la vie humaine. Elle doit donc s'occuper de classer tous les phénomènes humains. Parmi ces phénomènes, les actions humaines occuperont le premier rang, puisqu'elles sont considérées comme les

1. *A System of Logic*, livre IV, chap. VII : *Of Classification as Subsidiary to Induction*, New-York, 1893, p. 498.

facteurs les plus importants; — 2° Il est entendu, admis, que l'anthropologie philosophique peut fournir une base positive à la morale. Par suite, elle est obligée de tenir compte de tous les facteurs de la vie humaine; ce n'est, en effet, que par une étude très approfondie de la vie qu'elle pourra estimer à leur juste valeur tous les facteurs du problème moral. Après cette dernière affirmation, il nous faut encore admettre que la survivance est la pierre de touche finale et le critérium moral de toutes les actions. On peut donc classer les activités humaines dans la mesure où elles contribuent à la survivance. C'est donc un moyen efficace de contrôler la classification ainsi proposée en théorie que de voir si ces divisions correspondent, jusqu'à un certain point, à la connaissance vulgaire que tous les hommes possèdent des phénomènes humains, et aux divisions des sciences qui ont longtemps résisté à toutes les discussions et ont prouvé par leur survivance qu'elles étaient plus aptes à exister. Enfin les divisions de l'anthropologie devront être déterminées non seulement d'après leurs relations logiques, mais d'après les connaissances et les aptitudes spéciales, l'éducation ou les méthodes nécessaires à celui qui étudie chacune d'elles, car il y a une limite à l'énergie humaine et à l'acquisition des connaissances et des aptitudes. L'auteur pense que la classification indiquée par le plan (*fig.* 1) dont nous allons parler remplit plus ou moins toutes les conditions requises. Tout cela sera plus tard discuté de plus près. Le plus nécessaire maintenant est de bien comprendre ce plan[1].

Une classification à trois dimensions est indispen-

1. Dans le plan figure 1, par erreur se lit le mot « cérémonie »; c'est « cérémonial » qu'il faut lire.

sable pour représenter certaines divisions de l'anthropologie de façon à indiquer les relations de la plus haute importance philosophique qui les unissent. On

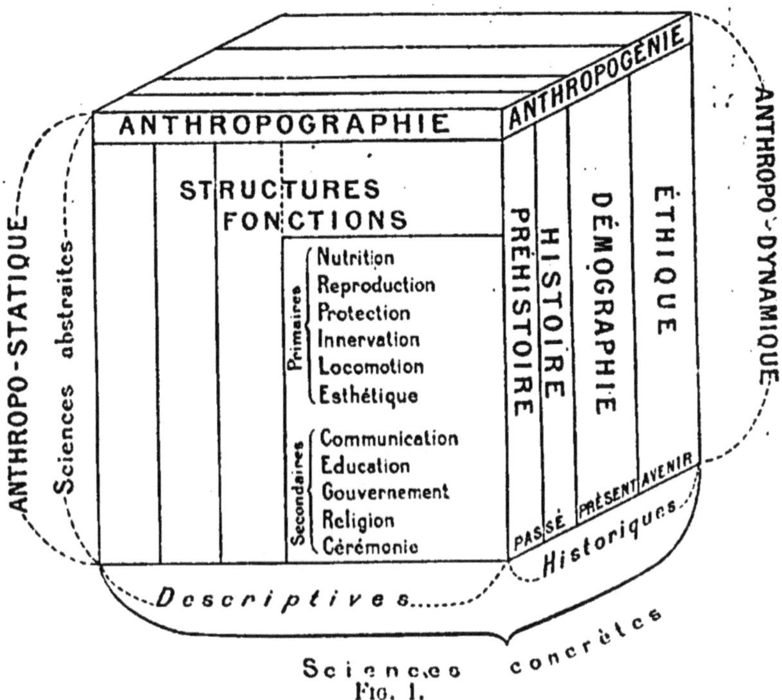

FIG. 1.

a déjà publié des classifications à deux dimensions [1] dans lesquelles un carré, une face de notre cube, contient des sciences concrètes et abstraites représentées comme des sections les unes des autres. Notre cube représente la race humaine tout entière, contenue et contenant,

1. Manouvrier a publié, en 1890, un plan de ce genre représentant le domaine entier des sciences, non pas seulement de l'anthropologie, occupé par les sciences concrètes et abstraites, mais dans ce sectionnement il commit une erreur. (L. Manouvrier, *Classification des sciences*. Association française pour l'avancement des sciences. Conférences de Paris, 1889, IIe partie, pp. 662-682, Paris, 1890.) L'auteur a élaboré une division plus rigoureuse des sciences anthropologiques et sociales, qui fut publiée dans *The Interrogator*, février 1893. (*New Views in Social Science.*)

avec non seulement son présent, mais son passé et son avenir. Il est à désirer que les individus composant la race, avec leurs qualités diverses, soient groupés de toutes les façons possibles et que ces groupements soient examinés dans leurs rapports les plus divers. Cela suggère l'idée de la possibilité d'un nombre presque infini de combinaisons que les spécialistes pourront choisir dans notre domaine. La forme cubique permet de représenter au moins quatre des principales catégories, les catégories du temps, de l'espace, de l'existence et des qualités de la matière, correspondant respectivement aux méthodes historique, comparative, descriptive, philosophique ou explicative. Dans notre exposé, nous irons du tout aux diverses parties, en commençant par les deux sciences inclusives ou générales qui correspondent aux catégories de l'espace et du temps, c'est-à-dire l'anthropostatique et l'anthropodynamique. L'anthropostatique est la science de toutes les forces et de tous les facteurs coexistants de la vie humaine, ainsi que des lois de l'équilibre et des lois de dépendance réciproque qui les régissent. C'est une science abstraite, car de telles questions peuvent être étudiées en considérant la race humaine comme un tout, indépendamment du temps et de l'époque. L'anthropographie est l'étude concrète de toutes les forces et de tous les facteurs coexistants de la vie humaine, considérés au point de vue de leur coexistence et de leurs relations réciproques à un moment déterminé, soit dans les temps modernes, soit aux époques préhistoriques. La face du cube qui est vis-à-vis de nous représente donc mieux l'anthropographie que l'anthropostatique, quoiqu'il soit plus facile de se figurer ses divisions, telles quelles sont dessinées, dans le présent plutôt qu'aux temps préhistoriques.

Elles ont cependant existé en germe dès les origines. L'anthropostatique, au lieu d'être représentée par la face antérieure du cube, l'est mieux par une section du cube prise dans le plan de cette face, comprenant toutes les subdivisions, mais les discutant sans tenir compte du temps. Elle correspond en extension à la face du cube, se mouvant parallèlement à sa position première pour parcourir un espace égal à la largeur du cube, c'est-à-dire qu'elle correspond à la race dans les relations de coexistence des individus.

Si nous imaginons le plan qui représente l'anthropographie parcourant successivement les diverses sections des origines, de l'histoire, de la démographie et de la morale et décrivant aussi un cube, nous devrons ajouter à notre conception première l'idée du temps et la science de l'anthropodynamique. L'anthropodynamique est la science qui étudie les lois de succession, d'évolution et de transformation des phénomènes de la vie humaine. Pour établir une distinction commune en sociologie, elle détermine les lois du progrès, tandis que l'anthropostatique formule les lois de l'ordre. Elle est représentée dans le cube par une section perpendiculaire à la face antérieure. L'étude des premières phases de l'évolution de tous les phénomènes humains peut être appelée la science de la préhistoire, et les phases successives qui occupent l'espace compris entre l'époque préhistorique et l'époque moderne forment le champ de l'histoire. L'étude de l'époque précisément actuelle, sous tous ses aspects, démographie, statistique, ethnographie, géographie politique, et autres champs de recherches encore peu fouillés, n'occupe théoriquement qu'une colonne dans la face représentant l'anthropodynamiqne et correspond à la section du cube que nous avons déjà intitulée anthropographie : mais, pratiquement, l'étude du présent s'étend aussi bien dans le temps que dans l'espace. On pourrait prendre par exemple comme limite une génération. Orientant vers l'avenir nos études de dynamique, nous entrons dans le domaine de la morale et des sciences sociales et anthropologiques appliquées, considérées sous leurs aspects dynamiques. La statique morale sera représentée par la face postérieure du cube et étudiera les lois de coexistence et les relations réciproques des phénomènes humains à une époque plus ou moins lointaine dans l'avenir. L'anthropodynamique comme l'anthropostatique est une science abstraite. Parallèlement à elle se trouve une autre science concrète, l'anthropogénie, se contentant simplement de décrire. Par suite la face intitulée *anthropogénie* représente une description des événements de la vie humaine dans leurs rapports, en tant que limités à une partie déterminée de la terre ou à la souche d'une famille. L'anthropodynamique elle-même est l'étude d'une succession de phénomènes humains du même aspect dans le temps, mais abstraction faite de tout espace et de tout groupe d'êtres humains. Par suite elle couvre tout le volume du cube au point de vue du temps comme l'anthropostatique le couvre au point de vue de l'espace. On peut noter au passage qu'avec ce mode de représentation on voit clairement que la morale trouve, au sens positiviste, une base dans l'anthropodynamique et dans l'anthropostatique. Les lois de la première de ces sciences, c'est-à-dire les lois nécessaires de succession des phénomènes humains, s'appliquent à la vie future aussi bien qu'à la vie passée et à la vie présente. On peut, par suite, comme nous l'avons déjà dit, prévoir l'avenir en partant du passé. Aussi les lois de l'anthropostatique, celles qui se rapportent à la coexistence nécessaire des facteurs de la vie humaine restent vraies de cette vie dans l'avenir pour les sociétés idéales, pour les utopies et les millénaires considérés sous leur aspect scientifique. Dans certaines utopies peu scientifiques qui ont été imaginées, l'homme cesserait d'être un être humain si on le jugeait par son passé.

Revenons maintenant aux sciences de la vie correspondant aux catégories de l'être et des qualités. Ce sont, respectivement, les sciences concrètes et abstraites qui forment des divisions de l'anthropologie et dont nous avons déjà parlé en les considérant comme des aspects divers de l'anthropostatique et de l'anthropodynamique. Les sciences concrètes sont celles qui étudient des êtres particuliers, ou plutôt des classes d'êtres dans tous leurs rapports et leurs attributs, y compris ceux de qualité, de temps et d'espace. Ce sont les sciences les plus simples et, par suite, les plus rapidement développées. Ce sont des sciences de pur description et de narration. Elles sont représentées sur la face antérieure du cube par les divisions perpendiculaires de l'anthropographie. Ce sont les descriptions de chaque tribu, nation, race, groupe social. En tant qu'histoire concrète, elles sont représentées par des sections perpendiculaires correspondantes, parallèles à l'anthropodynamique et parcourant toute la profondeur du cube. Elles correspondent à l'histoire telle qu'elle est habituellement écrite, c'est-à-dire à un simple récit plutôt qu'à une discussion des lois de succession.

Les sciences abstraites sont celles qui étudient les qualités, les attributs, ou les rapports des êtres, abstraction faite de la totalité de ces êtres. On peut dire qu'elles étudient « l'homme », c'est-à-dire le type moyen de l'homme, possédant l'attribut ou le groupe d'attributs en question, comme l'économie politique étudie *l'homme au point de vue économique* et la sociologie *l'homme social*. Mais on ne peut déterminer le type moyen que par une étude inductive du groupe ou de la race, à l'aide de l'histoire aussi bien que par le moyen de la statistique. Les sciences abstraites sont représentées sur notre plan par les sections horizontales de l'anthropostatique, telles que les sciences étudiant la nutrition et la reproduction, en spécifiant que ces sections, comme celles des sciences concrètes, dont nous venons de parler, traversent le cube dans toute sa profondeur : en d'autres termes, les qualités abstraites peuvent être étudiées dans leur développement ou dans leurs relations dynamiques, aussi bien que dans leur coexistence ou leurs relations statiques. Sans essayer, à présent, de justifier la classification des fonctions, nous pourrons prendre pour exemple les fonctions de nutrition. Elles n'existent pas par elles-mêmes. Elles n'existent que comme une des nombreuses fonctions de chaque individu. On peut étudier la nutrition en dehors des autres fonctions, d'abord comme une simple branche de l'anthropographie, comme une description de toutes les actions ayant quelque rapport avec la recherche de la nourriture et les diverses opérations auxquelles sont soumis les aliments, par exemple chez les Esquimaux et à une époque donnée; ou bien on peut l'étudier en comparant toutes les activités de ce genre chez tous les peuples; ou bien en exposant la transformation de ces activités au cours de l'histoire de cette peuplade d'Esquimaux ; ou les lois de succession qui peuvent s'appliquer à la nutrition dans l'histoire de tous les groupes composant la race humaine. En combinant le point de vue statique et le point de vue dynamique, nous pourrions étudier complètement la science abstraite de la nutrition. Ce serait l'idéal, et c'est, jusqu'à un certain point, l'état actuel des sciences coordonnées abstraites, de la politique, de l'éducation et aussi de l'économie politique, qui étudie la richesse, sujet partiel d'étude proposé aux sciences qui traitent spécialement des activités primaires.

Les sciences abstraites se divisent en deux principaux groupes, celles qui étudient la structure et celles qui étudient les fonctions. Les activités externes de la vie humaine déjà mentionnées rentrent dans la seconde catégorie, mais sont combinées, par la définition donnée de la nutrition, par exemple, avec les fonctions physiologiques correspondantes. Mais, comme dans la biologie rentrent l'anatomie aussi bien que la physiologie, notre section de biologie, l'anthropologie, comprendra aussi l'anatomie humaine. Une étude et une explication complètes de la vie humaine nécessitent l'étude des organes eux-mêmes et de leurs activités. La structure et les fonctions peuvent être étudiées dans leurs relations statiques aussi bien que dans leur évolution. L'étude complète d'un organe particulier, le cerveau, constitue une section horizontale du cube entier, c'est-à-dire forme une science abstraite ayant à la fois son aspect statique et son aspect dynamique (la neurologie).

Avant de passer à la discussion de la classification des activités humaines, il faut consacrer un moment à indiquer la place occupée dans ce schéma par certaines sciences existantes, dont quelques-unes ont un domaine fort vaste. En premier lieu la sociologie. Elle traverse le cube tout entier, à l'exception de la section supérieure réservée aux sciences étudiant la structure physique. En général, chaque section du cube a un double aspect, un aspect individuel et un aspect social. Prenons, par exemple, la petite section dont nous avons parlé précédemment, les activités de nutrition dans un groupe d'Esquimaux à l'époque actuelle. Elles sont en partie purement individuelles, par exemple les mouvements physiques et l'activité intérieure d'un chasseur solitaire qui n'est en contact avec aucun être humain, mais se trouve environné seulement d'objets non humains depuis l'instant où il découvre sa proie jusqu'à celui où il la mange. Ces activités sont en partie sociales, si l'on considère les efforts réunis d'autres chasseurs et le partage de leur proie avec leurs enfants. La sociologie, par suite, peut, au point de vue où nous nous plaçons, être définie de la façon suivante : c'est cette partie de l'anthropologie philosophique qui étudie les phénomènes sociaux. Elle comprend deux objets : une science où rentrent ce qu'on appelle les sciences sociales, c'est-à-dire celles qui étudient les aspects sociaux de l'économie, de la politique, de la religion, etc. ; et, en second lieu, un art, ou les arts, que l'on peut désigner par le terme d'éthique sociale. La sociologie est la science ou plutôt la philosophie qui étudie les sociétés et les consociations : elle est la science de l'association. C'est une science abstraite en ce sens que ses principes sont vrais en tous temps et en tous lieux. Mais la dernière définition donnée ne sera claire que lorsque nous aurons défini les termes de société, phénomènes sociaux, consociation. La confusion dans la spéculation sociologique vient souvent de ce qu'on a négligé de poser des définitions nettes. Voici les définitions que nous allons essayer de donner.

Un phénomène social est l'action d'un individu humain sur un objet humain conscient, ou bien une combinaison d'actions de ce genre. Dans un tel phénomène, il y a toujours deux ou plusieurs individus en cause, quoique des intermédiaires puissent intervenir pour transmettre à travers les siècles ou d'un bout de la terre à l'autre l'action du premier individu sur le second.

Une consociation se compose de deux ou plusieurs individus qui sont l'un vis-à-vis de l'autre dans les rapports de sujet à objet. Il n'y a donc pas de phénomène social sans consociation, et une consociation peut soit ne durer qu'un moment, soit se prolonger pendant des siècles. Il peut y avoir seulement deux individus accidentellement en contact, ou bien toute une tribu ou tout un peuple.

Une société est une consociation d'un ordre plus stable et plus complexe, dont la durée dépasse généralement les termes de la vie d'un individu et qui comprend un grand nombre d'individus.

L'association, ce sont les rapports ou relations qui existent entre les individus d'une consociation. Tout ce qu'on appelle les phénomènes sociaux sont des phénomènes individuels : ils sont par nature des phénomènes psychiques et ne peuvent être expliqués que d'après les lois de la psychologie de l'individu.

Pendant que le plan est encore sous nos yeux, il sera bon de dire quelques mots de plusieurs autres sciences que plus loin nous examinerons plus à fond en parlant de leur état actuel. On peut se demander, en premier lieu, si toutes les sciences dont le nom se termine par *graphie* ne sont pas uniquement concrètes et descriptives, étudiant les phénomènes coexistant seulement dans leurs rapports au point de vue de l'espace, mais se limitant à une époque particulière. En d'autres termes, toutes les sciences anthropologiques de ce genre ne sont-elles pas de simples fractions de l'anthropographie? D'autre part, ne devrait-on pas considérer les sciences en *logie* comme des sciences abstraites, étudiant les relations qui unissent les phénomènes similaires en tous temps et en tous lieux? En partant de ce principe, nous pouvons avoir non seulement une sociologie, mais une sociographie, entendant par là la statique sociale d'une période particulière et tous les ouvrages d'un caractère scientifique qui étudient les phénomènes sociaux. La sociographie serait donc seulement une partie de la démographie, puisque cette dernière science étudie aussi bien les phénomènes individuels que les phénomènes sociaux. Et, si nous entendons par démographie les ouvrages existant jusqu'ici, et qui se bornent pour la plupart à des statistiques partielles, nous pouvons l'identifier avec l'anthropographie. Il y aura la même distinction à établir entre l'ethnographie et l'ethnologie. L'ethnographie étudie les peuples coexistant à une époque donnée : l'ethnologie étudie l'origine et l'évolution des peuples, et même, selon quelques-uns, leurs relations statiques. Une anthropographie de l'homme préhistorique pourrait être représentée par la face antérieure du cube, ou plutôt par la partie de cette face qui est subdivisée en tribus et en races. L'ethnologie, de son côté, occuperait la section correspondante qui embrasse l'histoire du même peuple jusqu'à l'époque actuelle. Le terme de somatologie a été créé, comme son nom l'indique, pour désigner la science qui étudie l'homme physique. C'est, par suite, la science qui étudie la partie supérieure du cube, la section des *structures* et les processus physiologiques qui sont rangés sous le titre *fonctions primaires*.

On peut définir la praxéologie[1] : la science qui étudie les actions humaines. En tant que science abstraite, son domaine est pratiquement identique à celui de l'anthropologie elle-même, excluant la science qui étudie la structure. Ses rapports avec l'art et l'éthique sont fort importants, car elle leur sert de base directe. La technologie, considérée comme science, est cette section de la praxéologie qui étudie les moyens indirects de satisfaire les besoins humains, par exemple les outils et les industries de l'alimentation, facteurs indirects de la nutrition.

Il faut reconnaître que, étant donnée la complication du système de classification que nous proposons, il est bien difficile de présenter tous les rapports pouvant exister entre les sujets d'étude de l'anthropologie qui pourraient être approfondis avec fruit comme sciences additionnelles. Ni un cube ni aucune forme géométrique ne peut indiquer toutes les relations qui unissent ces sciences. Non seulement celles qui sont placées les unes auprès des autres sur notre plan doivent être étudiées conjointement et en les rapportant toujours les unes aux autres; mais, dans chacune des

1. L'auteur avait d'abord proposé, en 1893, le nom de *Pratique*, auquel il attachait la même signification. Il vaudrait mieux employer ce terme pour désigner l'art correspondant à la science de la praxéologie. Sur ce dernier terme voir : A. Espinas, *les Origines de la technologie*, Paris, 1897, p. 7.

sciences horizontales, les phénomènes sont modifiés, à chaque phase de leur marche et de leur évolution, par les phénomènes synchroniques, qui ont lieu dans chacune des autres sphères. Le gouvernement a des rapports très étroits, non seulement avec l'industrie, mais encore dans un sens même plus intimement vital, avec l'éducation et la famille. De même, on peut établir des relations entre l'industrie et les sciences anthropologiques, la psychologie, la physiologie humaine, l'ethnologie et l'ethnographie.

Cependant, ce plan fait songer à beaucoup de relations importantes qui ont été très négligées dans les sciences existantes. Il est évident que des sections verticales du domaine de la sociologie (prenons, par exemple, la section intitulée histoire), traversent dans le cube toutes les sciences qui étudient les principaux agents sociaux, le gouvernement, l'industrie, la famille, l'éducation. Nous pouvons, par suite, avoir, et nous avons en réalité, une histoire de l'éducation, une histoire de la religion, de la famille, de l'industrie, de l'art, de la littérature, aussi bien que l'histoire politique et militaire de nos manuels classiques. De l'autre côté, il est évident que chacune des sciences horizontales, comme celle qui étudie le gouvernement, va traverser le domaine de l'anthropogénie, de l'histoire et de la statistique. Nous pouvons étudier l'origine du gouvernement, son évolution à travers les nations et son état actuel détaillé, tel que nous en donnent une idée les ouvrages de statistique et autres, consacrés à la description du présent. Il est évident également que chacune de ces sciences examine non seulement le passé et le présent, mais aussi l'avenir. La science du gouvernement devient l'art de la politique lorsqu'elle atteint sa troisième phase et tente de déterminer ce qui sera et ce qui devra être. Il en est de même de toutes les sciences horizontales.

On pourrait établir un autre groupe de sciences qui ne peut être représenté sur le plan, groupe de sciences étudiant les différentes sections de l'anthropologie dans leurs rapports avec les sciences non anthropologiques. Dans leur ensemble, ces sciences constitueraient la science non encore nommée qui étudie les rapports de l'homme avec le milieu non humain qui l'entoure, soit à titre de sujet, soit en qualité d'objet. En tant que science, elle est justifiée principalement par ce fait que ses subdivisions fournissent une base scientifique à certains arts; et, comme fondement de l'éthique, elle n'est nullement d'une importance secondaire au point de vue anthropologique proprement dit. L'éthique, considérée comme prévision, nécessite la connaissance et la compréhension de l'action de la nature sur l'homme et de l'homme sur la nature. Des livres et des études traitent ce sujet; on peut citer de nouveau : Bagehot, *Physics and Politics*, et les ouvrages scientifiques de technologie, d'hygiène et de médecine[1]. L'irrigation est un autre sujet d'étude qui combine seulement les subdivisions secondaires de la nutrition et de l'agriculture avec l'hydraulique ou autres sciences complètement en dehors de l'anthropologie proprement dite. L'ouvrage de Marsh, *Earth and Man*, est une plus large synthèse des facteurs anthropologiques et non anthropologiques considérés dans leur action et leur réaction réciproques. Il n'est pas besoin de recourir à un raisonnement pour démontrer la haute importance d'études de ce genre dans les arts et

1. Nous pouvons ajouter encore l'*anthropologie zoologique*, science qui a été très approfondie par des spécialistes et qui étudie les rapports de l'homme avec les animaux inférieurs.

dans la morale pratique. En fait, la morale et l'art dans le sens le plus large s'étendent au-delà des bornes de l'anthropologie, comme nous le montrerons au chapitre x. Ni dans nos prévisions, ni dans l'art de la pratique, nous ne devons pas plus ignorer les facteurs non humains que les facteurs humains. Les uns et les autres s'unissent pour produire un résultat.

Finalement, nous arrivons à la conception du cube tout entier, au sujet d'études de celui qui veut posséder la philosophie de la vie humaine dans tout son ensemble, étudier ses éléments à tous les points de vue, et déterminer les lois d'*interdépendance*, de succession et de causalité qui les régissent. Il lui appartient de de trancher les questions concernant la nature de l'homme, ses rapports avec les objets extérieurs, son évolution et sa destinée. S'il est doué d'une vue prophétique, il pourra s'élever de la philosophie de la science à une philosophie de la morale, et discerner non seulement la valeur relative des devoirs immédiats de la vie humaine, mais la fin dernière et les inspirations de la race. Pour résoudre ces problèmes moraux, il lui faudrait avant tout appliquer les résultats fournis par l'anthropo-dynamique, c'est-à-dire se servir de l'argument de l'évolution ; les conclusions qu'il tirera de cette première opération de la pensée devront être contrôlées par les données de l'anthropostatique, à savoir : la connaissance de la vie dans ses conditions actuelles et les relations réciproques de ses facteurs. Enfin il emploiera la discussion *a priori;* en d'autres termes, il devra se demander si ses conclusions concordent avec les présomptions de la philosophie générale et avec les conclusions de la biologie et autres sciences étroitement apparentées avec cette dernière.

Avant d'abandonner la classification des sciences et des arts anthropologiques, nous pouvons nous arrêter pour nous demander si le schéma proposé remplit toutes les conditions d'une bonne classification, conditions que nous avons énumérées au commencement de ce chapitre. Tout d'abord le principe moral, dont l'auteur admet la valeur, est mis en première ligne, contrairement aux habitudes des philosophes, des anthropologistes et des logiciens. L'anthropologie ainsi étudiée n'éclaire-t-elle pas les principaux problèmes concernant l'avenir, la fin morale, l'idéal dans chaque direction de la vie humaine et les meilleurs moyens d'y atteindre? L'auteur essayera, dans les pages qui vont suivre, de démontrer l'affirmative d'une façon satisfaisante. Il espère montrer que, par une étude semblable de la vie humaine, on est arrivé à cette conviction que la survivance est la loi fondamentale et la seule fin morale possible, et que l'évolution, particulièrement l'évolution en idéation, est la seconde grande explication et la fin de la vie humaine. Il entreprendra de montrer dans le présent chapitre, au moins en partie, la hiérarchie morale et l'importance relative des principaux genres d'activités humaines; il montrera que les «fonctions essentielles» de la biologie, la nutrition en tête, sont les plus importantes au point de vue moral. Enfin nous verrons que la coopération et la sociabilité en général ont une valeur morale secondaire et ne contribuent qu'aux progrès de l'individualisme considéré en lui-même comme une fin.

Le principe suivant est celui de la science pure comme l'entend Stuart Mill dans le passage cité en tête de ce chapitre. A cet égard peut-on trouver une classification plus satisfaisante que celle qui est basée sur les catégories finales de la philosophie, celles du temps, de l'espace, de l'être et des qualités, comme nous l'avons déjà expliqué? Les principales lois que recherche une science ne seront-elles pas découvertes par la classification et la comparaison des phénomènes en se plaçant à ce point de vue? Il est difficile de concevoir des lois des causes et d'effets qui consisteraient dans autre chose que dans l'expression : 1° de relations dynamiques, c'est-à-dire de relations de succession ; ou 2° de relations statiques, c'est-à-dire de coexistence ; 3° de leurs combinaisons en lois de forces résultantes. Dans la tentative d'ajouter aux autres sciences anthropologiques concrètes plus anciennes telles que l'histoire, la géographie politique et la statistique, une série systématique de sciences abstraites, par exemple, celles traitant de la nutrition, de la reproduction, de la protection et des autres activités humaines classées d'après leur fonction biologique et allant de front avec le progrès des sciences, on peut s'attendre à ce que ces sciences abstraites soient plus fécondes en découvertes de lois que les sciences concrètes existant précédemment. Mais une considération secondaire, en se plaçant au point de vue de la science pure, est une considération pratique qui reconnaît les limites des forces humaines et la nécessité d'une spécialisation, si l'on veut dominer le champ entier des connaissances. Il nous faut tenir compte des différentes sortes d'esprits des aptitudes héréditaires et acquises; il faut surtout bien reconnaître la différence entre une science et un art. Le spécialiste de la morale et des applications de l'anthropologie doit avoir des qualités fort différentes de celles du savant proprement dit. Il doit être un prophète, un inventeur plutôt qu'un homme se bornant à de simples découvertes. Pour expliquer son art avec le plus de succès, il doit posséder aussi une habileté pratique dans son commerce avec les hommes. Le progrès en morale dépend de la détermination des méthodes d'art en général. Tout le domaine de l'art n'a pas été encore réduit en système comme le domaine de la science. Il faut être un Bacon pour développer la philosophie de l'art, il faut être un Stuart Mill pour en développer la méthode et la logique.

Si nous examinons maintenant la science, nous voyons qu'il est nécessaire, pour étudier l'individu, de connaître son anatomie, sa physiologie, sa psychologie et sa pathologie, préparation et méthode fort différentes de celles qui sont exigées dans l'étude de la race, c'est-à-dire, en ethnologie, en linguistique et en archéologie. Tout autres encore sont la méthode et la préparation que réclame l'étude des relations exclusives qui forment le sujet de la sociologie. Les principaux types de spécialisation sont, croyons-nous, indiqués dans les divisions de l'anthropologie philosophique qui correspondent : 1° aux études historiques ; 2° aux études comparatives; 3° à la philosophie ; 4° à l'art comme prévision de l'avenir ; 5° à l'art considéré dans ses applications pratiques.

Enfin cette classification trouve sa justification dans ce fait qu'elle a survécu parce qu'elle est la meilleure; elle fait, en effet, une place à chacune des grandes sciences de la vie humaine qui se sont développées jusqu'ici et adopte les classifications pratiques de la vie humaine. Si on la juge en tenant compte de considérations d'une haute importance, cette classification semble pouvoir, sans crainte, être mise à l'épreuve. Son grand mérite, peut-être, est de ramener à l'unité les divers domaines de la morale, jusqu'ici séparés, sinon hostiles.

Une des plus importantes divisions de l'anthropologie, celle des sciences anthropologiques abstraites, doit être maintenant subdivisée en partant d'un point de vue capital, celui des fonctions ou des activités humaines classées d'après ce principe et dans l'ordre de leur importance à l'égard de la fin morale, qui, nous l'admettons ici, est la survivance. Les sciences de l'éducation et du gouvernement sont des exemples familiers de ce groupe important. D'autres, dont on a à peine parlé auparavant, paraîtront encore plus importantes. Cette classification correspond très exactement à la classification biologique des fonctions dans l'ordre de leur importance vis-à-vis de l'organisme, car, à l'analyse, on trouve que toutes les activités humaines sont avec ces fonctions en rapports directs, ou indirects, si on les considère comme étant au service d'activités qui ne jouent elles-mêmes que le rôle de moyens pour les activités biologiques originelles. On arriverait à la même hiérarchie en adoptant d'autres principes importants de classification, tels que l'ordre de leur apparition dans les séries évolutives et l'ordre de complexité croissante et de généralité décroissante. D'après les opinions soutenues dans ce livre, ces quatre principes sont en relations étroites les uns avec les autres. Les activités les plus importantes pour la survivance sont en même temps les plus importantes au point de vue où se place le biologue : ce sont elles qui sont apparues les premières dans les séries évolutives, car l'organisme et la race ne pourraient exister sans elles, et elles sont les plus générales, car elles forment le *substratum* de toutes les autres, dérivées simplement des premières par évolution ; et leur évolution s'opère naturellement dans le sens de la complexité croissante.

C'est le principe éthique que nous adopterons dans cette division de nos sciences pour la même raison qui l'a fait adopter dans les autres divisions. Nous pouvons ajouter ce lieu commun que, sans la survivance de l'individu et de l'espèce, nous ne tiendrions pas compte de tous les autres instincts moraux et de toutes les autres activités morales. Avec la disparition de la vie, disparaîtrait naturellement toute possibilité morale. La justification de cette classification, dans l'anthropologie en tant que science, sans parler de ses applications, c'est que l'anthropologie elle-même n'est qu'une section de la biologie et doit, par conséquent, correspondre dans ses divisions principales à la classification de cette dernière science. En l'adoptant en sociologie, nous aurions les nouvelles sciences sociales qui traitent, l'une de la nutrition, une autre de la protection, une autre de la l'innervation, etc. Dans un système de sociologie basé sur l'anthropologie, toutes les activités sociales seront expliquées par le fait qu'elles sont d'une certaine utilité dans la satisfaction des besoins de l'individu, et le degré de leur utilité dépend du caractère fondamental des besoins biologiques qu'elles satisfont.

En faisant notre classification des activités humaines, nous devons avant tout analyser les événements du domaine de l'activité humaine qui nous concerne et les ordonner en recherchant leurs motifs. Mais nous arrivons au même résultat en analysant les activités et les motifs d'action d'un être humain en particulier. Et cette analyse sera rendue plus facile si nous nous reportons à l'analyse de la vie en général, faite par la biologie. Nous trouverons que les activités les plus essentielles dans l'existence humaine et dans la société humaine sont les fonctions les plus visibles dans tout organisme biologique et celles qui apparaissent le plus tôt. Nous allons présenter brièvement les résultats de ces analyses.

La fonction la plus importante, la fonction fondamentale chez tous les êtres biologiques, est la nutrition. La nutrition, en biologie, comprend à la fois l'assimilation et la désassimilation, c'est-à-dire toutes les modifications chimiques qui se produisent dans le corps humain. Elle comprend la formation et la disparition des tissus humains. En un sens, elle renferme aussi le phénomène de la croissance, car la croissance est seulement un excès de nutrition. Quand l'assimilation est plus active que la désassimilation, il se produit, selon les termes de Spencer[1], « une intégration dans l'organisme des substances environnantes de même nature que celles composant l'organisme ». Tout près de la nutrition est placée la reproduction, qui est aussi essentielle à la vie de l'espèce que la nutrition à la vie de l'individu. Les biologues disent que, chronologiquement, la reproduction est quelque chose de postérieur à la nutrition et qu'elle est le produit d'un excès de nutrition. A un certain point de vue, la reproduction peut être considérée comme d'une importance plus capitale que la nutrition. La vie de l'espèce est en effet plus importante que la vie de l'individu, aussi bien au point de vue moral qu'au point de vue philosophique. Sans sa continuation, il ne peut y avoir ni survivance, ni évolution, ni vie complète au sens le plus large. Mais la vie de l'espèce dépend de la nutrition aussi bien que de la reproduction. Si les activités nutritives

1. H. Spencer, *Principles of Biology*, New-York, 1890, vol. I, p. 131.

de la race cessaient, la race cesserait, elle aussi, d'exister plus rapidement encore que si les activités productrices seules cessaient de se manifester. Bien plus, si les activités reproductrices n'étaient pas complétées par les activités nutritives qui constituent la plupart des soins des parents envers leurs progénitures, la procréation de nouveaux rejetons ne suffirait pas à perpétuer la race.

Mais la vie, aussi bien la vie de l'individu que celle de l'espèce, n'a pas seulement besoin d'être entretenue, elle doit être protégée contre les ennemis animés et inanimés qui pourraient lui nuire ou la détruire; la nourriture ne peut assurer que momentanément la vie d'un individu entouré de dangers. Etant donnée l'existence d'ennemis soit animaux, soit humains, qui détruiraient la vie, la protection de soi-même devient « la première loi de la nature », et, dans la liste des fonctions biologiques, elle ne doit être rangée par ordre d'importance qu'après la nutrition et la reproduction. De même, il faut être protégé contre les attaques violentes des éléments inanimés environnants qui détruiraient la vie à l'aide de la chaleur ou du froid ou de l'excès d'humidité. Dans certains milieux donc, des vêtements et un abri, peut-être même du feu, sont aussi nécessaires à la constitution de la vie individuelle que la nutrition elle-même. De cette façon une plus grande partie de la terre contribue à satisfaire les besoins humains. De même, les intérêts de l'espèce ne sont pas servis seulement par les fonctions sexuelles. Il faut ajouter à ces dernières les fonctions paternelles et maternelles, qui protégeront et nourriront à la fois l'être mis au monde.

La protection est classée après la nutrition et la

reproduction, parce qu'elle n'est pas aussi nécessaire que ces dernières à la survivance. Dans certains milieux, une protection insignifiante suffit, mais partout et dans tous les temps la nutrition et la reproduction sont les moyens réguliers et indispensables permettant la continuation de l'existence. Chez l'homme, l'innervation tient lieu, en grande partie, d'organes spéciaux à la protection de l'individu. Mais, au point de vue de la survivance, la défense est une qualité essentielle, surtout lorsque nous voyons la race humaine dans sa constitution actuelle et dans les milieux peu favorables où elle se trouve. Les peuples les plus civilisés sont ceux qui ont le plus besoin de vêtements, de demeures, de feu, de soins médicaux, et même de protection militaire. Les récentes recherches scientifiques inspirées par les travaux de Pasteur ne laissent plus aucun doute sur la question de savoir si les biologistes ne doivent pas considérer la fonction de protection comme une des plus importantes de la vie humaine. Le principe à suivre dans la division ne se réduit pas tant à considérer la localisation anatomique d'une fonction que les fins qu'elle aide à réaliser. Chez l'homme, la fonction de la protection est partagée entre les globules blancs du sang[1], la peau et certains reflexes. Dans l'amibe, toutes les fonctions sont remplies par la même cellule. Dans les organismes les plus élevés, il n'y a pas de séparation anatomique complète entre les fonctions ordinairement classées.

La fonction de l'innervation est, en réalité, divisée

1. Sur les leucocytes considérés comme « police de l'organisme », lire : Elie Metchnikoff, *Leçons sur la pathologie comparée de l'inflammation*, Paris, 1892; Charles Richet, *Physiologie*, t. III; *Défense de l'organisme*, pp. 517-573, Paris, 1895.

entre toutes les autres fonctions. A toutes elle sert de moyen. Vue sous ce jour, elle apparaît aussi bien comme un moyen de protection que comme un moyen de nutrition. Même l'amibe manifeste son activité en cherchant à se retirer de certaines substances.

Dans la série des fonctions essentielles de la vie humaine, l'innervation vient immédiatement après la nutrition, la reproduction et la protection. Elle est, comme nous l'avons déjà indiqué, le moyen le plus essentiel de toutes les fonctions précédentes. Elle peut, peut-être, se définir au sens le plus étendu, comme une forme de vibration des tissus nerveux. Très bas dans l'échelle de la vie animale, nous voyons apparaître un nouvel organe, le système nerveux, un des nombreux organes qui distinguent la vie animale de la vie végétale. Mais l'amibe est douée de motilité sans posséder un tissu nerveux particulier. La substance homogène semble réagir comme une substance nerveuse contre l'action des objets environnants sur sa surface. Dans l'être humain une division très nette s'établit entre les appareils sensoriels, les organes centraux et les divers nerfs moteurs. L'innervation vient après la nutrition, la reproduction et la protection, parce que, dans la plupart des cas, elle ne sert que de moyen au service de ces dernières fonctions. C'est seulement au plus haut degré de son évolution, dans la vie humaine, qu'elle devient une fonction assez importante de l'organisme pour être, en une certaine mesure, à elle-même sa fin et chercher sa satisfaction propre par des moyens particuliers. Sans la survivance de cette fonction, l'homme ne serait pas un homme. Elle appartient autant à l'organisation particulière de l'homme que les fonctions précédentes.

L'homme possède en commun avec l'animal quelques fonctions de second ordre, mais à un degré infiniment plus complexe et plus raffiné. La locomotion et la fonction esthétique[1] sont, par exemple, d'une importance plus apparente dans l'économie de la vie humaine que certaines autres fonctions. Elles sont devenues des traits caractéristiques constitutionnels de l'être humain. L'homme ne serait pas un homme sans son amour pour le beau. Ces fonctions et quelques autres doivent être considérées dans la classification comme étant d'une importance secondaire auprès de celles que nous avons déjà mentionnées, car elles sont bien moins essentielles pour la survivance. L'organisme pourrait exister sans elles, il ne pourrait exister sans les autres.

Nous avons donc étudié les activités qui cherchent à s'exercer pour elles-mêmes, qui sont devenues des éléments constitutionnels de la nature humaine. Le mot « homme » désigne un être qui a toujours eu et qui aura toujours ces traits caractéristiques. Ce sont donc les activités primaires.

Il n'en est pas de même des activités secondaires dont il nous reste à parler, communication des idées, éducation, gouvernement, religion, cérémonial. Si importantes qu'elles soient, elles sont plutôt des moyens que des fins. Elles n'ont pas d'organes qui leur correspondent dans la constitution de l'homme en tant qu'individu. Ce sont des activités sociales. Dans le chapitre qui les étudiera plus en détail, nous montrerons qu'elles sont en général et en particulier des formes de l'influence sociale, formes soit de suggestion d'idées, soit

1. Voir pp. 220-230.

de contrôle et qui ont pour but de coopérer à l'utilisation de la nature. Elles sont, par suite, les moyens de survivance les plus indirects. Elles sont un produit du développement des activités primaires et trouvent leur justification dans ce fait qu'elles sont pour les précédentes des moyens d'une efficacité merveilleuse.

La communication des idées et l'éducation sont les plus importantes des fonctions secondaires ; elles constituent pour les activités primaires, et par suite, pour la survivance, des moyens des plus actifs ; on peut donner plusieurs preuves de la vérité de cette affirmation. Elles sont efficaces comme moyens à la fois de contrôle et de suggestion d'idées, tandis que le gouvernement, la religion et le cérémonial sont surtout des moyens de contrôle social. L'éducation semblerait le moyen le plus efficace, puisqu'elle agit sur l'individu pendant les années de sa vie où il est modifiable le plus facilement et puisqu'elle sert à préparer la vie entière. Mais, d'un autre côté, la communication des idées ou langage semble la fonction qui, plus que tout autre faculté, distingue l'homme de l'animal, et l'on peut dire que, jusqu'à un certain point, l'éducation est une différenciation de la fonction de communication. L'éducation sociale définie de la façon suivante : toute activité d'un individu qui a pour but d'en préparer un autre aux fonctions futures de la vie peut être réduite, pour la plupart des cas, à la communication des idées et à une disposition des milieux favorable à l'acquisition des idées. Au sens le plus large, l'éducation, qui comprend aussi l'action du milieu physique modifiant l'individu, n'est pas simplement une activité anthropologique. Pour ce qui est de l'élément non humain, il ne serait point à sa place dans la liste des activités humaines. Comme la communication n'est pas une fonction de l'individu isolé, il est difficile d'établir une ligne de séparation entre elle et les fonctions intellectuelles de l'individu, surtout quand on considère la faculté de généralisation, qui a pour résultat d'augmenter la masse de connaissances que possède la race. On peut dire, sans exagérer, que la communication est seulement un degré supérieur de l'innervation qui diffère des procédés inductifs de la conscience individuelle simplement par ceci : une idée ou plusieurs idées coordonnées sont communiquées à un individu par une autre conscience au lieu de résulter du contact de l'individu avec le milieu. Le degré de l'évolution varie en raison directe de l'indirection[1] des procédés intellectuels. Tandis que les fonctions constitutionnelles de l'individu varient fort peu d'un siècle à l'autre, les fonctions de communication et d'éducation se développent avec une grande rapidité. On peut donc dire que la civilisation varie parallèlement avec la communication des idées et l'éducation. La science, la littérature et les écoles d'un pays peuvent servir de critérium de l'état de civilisation atteint par ce pays.

Les grandes activités secondaires dont il nous reste à parler, le gouvernement, la religion et le cérémonial, ne sont pas aussi importantes par rapport à la vie humaine et à la survivance, car elles agissent d'une manière indirecte sur les activités primaires. Elles fonctionnent presque entièrement comme moyen de contrôle, c'est-à-dire par une sorte de contrainte ou d'obligation. Les idées d'obéissance et de vie conformes

1. Nous employons le mot *indirection* pour signifier la complexité des moyens employés pour arriver à une fin donnée.

aux règles et aux principes inculqués par elles ne trouvent pas leur justification en elles-mêmes, mais seulement dans les résultats de leur action sur l'individu, surtout au point de vue de ses activités primaires. Comme nous l'avons déjà fait entendre, la communication et l'éducation sont des moyens primordiaux qui servent à transmettre de tels principes et de telles sanctions. Elles sont aussi plus générales, car elles répandent en effet des idées scientifiques sur le milieu et les moyens d'utiliser ce milieu, idées qui conduisent à une coopération intelligente et contractuelle plutôt qu'obligatoire. D'un autre côté, la religion peut être considérée comme une forme d'éducation plus bornée dans son domaine, étant limitée, plus que l'éducation, à « l'âge de raison ». La religion, comme les lois et le gouvernement, est née des coutumes, mais non pas du cérémonial. Le cérémonial est le dernier membre du groupe dans le temps et dans l'ordre de l'évolution. C'est aussi le moyen le moins important, si l'on songe à la façon dont il contribue à atteindre la fin morale. On peut dire qu'il représente les affaires les moins sérieuses de la vie. Il se divise en cérémonial religieux, cérémonial politique et cérémonial judiciaire. La religion a une importance plus grande que le cérémonial, car sa sanction surnaturelle est plus efficace et s'applique à un grand nombre de détails importants de la vie journalière. Mais le gouvernement vient peut-être le premier[1] sur notre liste. Comme toutes les formes précédentes de contrôle social, il peut servir de moyen à quelques-unes des fonctions primaires. Dans un sens

1. Cf. pp. 261-262.

plus large, on peut définir le gouvernement : l'élément essentiel de contrôle social sous toutes ses formes, par exemple la direction des activités d'un individu par un autre individu, soit de gré, soit de force. Ces sortes de rapports entre les individus s'observent dans les écoles et dans les églises aussi bien que dans les activités que l'on regarde comme particulières à l'État. En fait, on ne peut comprendre le gouvernement politique qu'en l'étudiant dans ses rapports avec ce gouvernement sous une forme plus large ; mais, dans la classification, c'est toujours du gouvernement politique qu'on s'occupe. Il faudrait ajouter une remarque au sujet du mot religion. Elle peut être définie, si l'on considère son rôle social, ainsi qu'il suit : un agent promulguant toute sanction morale édictée par l'autorité. Cela comprendrait aussi bien l'œuvre des sociétés éthiques que celle des églises.

On a une idée du champ de recherches immense qu'ouvre chacune des activités considérées comme subdivisions de l'anthropologie, si l'on se souvient qu'à chacune de ces activités, gouvernement, éducation, nutrition, correspondent les sciences étendues et très développées de la politique, de la pédagogie, de l'économie, de l'industrie. Il est facile de comprendre l'importance d'une bonne classification de ces activités en se basant sur les progrès accomplis dans d'autres sciences que l'anthropologie grâce à des systèmes plus rationnels de classification. La méthode naturelle de classification en botanique, introduite par Jussieu et quelques autres savants à la fin du siècle dernier, a jeté une vive lumière dans le domaine des phénomènes biologiques et a rendu possible les brillantes généralisations de Lamarck et de Darwin, qui parurent peu de temps après. Ils trouvèrent dans la hiérarchie des espèces une foule d'enseignements sur leur origine et l'ordre de leur évolution. Les classifications chimiques, qui sont établies avec une exactitude mathématique, s'expliquent également d'elles-mêmes. Si, en sociologie, il était possible de remplacer les classifications hétérogènes et plus ou moins irrationnelles par une classification s'imposant à tous les esprits parce qu'elle est rationnelle, naturelle et exacte, n'arriverait-on pas ainsi à des vues toujours claires et à des explications correctes? Si, grâce à ce chapitre, quelques pas seulement ont été faits dans la bonne voie, l'auteur sera bien récompensé de ses efforts.

CHAPITRE III

MÉTHODES ET MATÉRIAUX

Si la science doit être étudiée non pour elle-même, mais pour ses applications, comme art, l'art doit diriger le travail et les méthodes de la science, lui poser ses problèmes et admettre, sinon fixer lui-même, son mode de raisonnement logique. Par suite et dans la science qui nous occupe particulièrement, si l'anthropologie existe en vue de l'éthique, c'est à l'éthique que l'on doit penser avant tout dans un chapitre traitant de la « méthode ». Il faut, en premier lieu, déterminer ses besoins et ses nécessités. Ce n'est pas ainsi que l'entendent ordinairement les traités de logique. En fait, les méthodes de morale et d'art sont en général complètement absentes des ouvrages sur la logique. L'auteur espère que les pages qui vont suivre seront le premier acheminement non seulement vers une logique de l'art, mais vers la philosophie de l'art. Car la détermination d'une nouvelle méthode est généralement un pas décisif dans la création d'une nouvelle science. Ce chapitre-ci considérera les méthodes de l'art et de l'éthique tout d'abord en tant que pratique, puis comme prévision et détermination des fins. Nous étudierons ensuite les méthodes des sciences les plus abstraites et les plus générales de la vie humaine, c'est-à-dire de l'anthropologie philosophique elle-même, de l'anthropostatique et de l'anthropodynamique. Enfin viendront les méthodes des sciences anthropologiques concrètes : 1° celles qui étudient le présent; 2° celles qui s'occupent du passé.

Il sera bon de donner quelques explications préliminaires. La façon dont l'auteur étudie la méthode est déterminée par deux points de vue et devra être considérée à ces deux points de vue. Elle dépend : 1° de sa théorie anthropologique générale, qui, naturellement, ne pourra être complètement exposée qu'au cours du volume entier; 2° de ses hypothèses tirées de la philosophie générale et dont la plus importante, dans la question qui nous occupe, est son hypothèse déterministe. A son avis, la méthode à suivre en morale doit reconnaître l'influence de la fatalité dans les actions humaines. Ajoutons que nous avons, en apparence, laissé de côté, de propos délibéré, dans ce chapitre, le langage et les conceptions habituelles de la logique, parce que nous sommes convaincus que la logique devrait être écrite de nouveau en se plaçant davantage au point de vue de la nouvelle psychologie. Peut-être le système compliqué des figures et des modes du syllogisme peut-il être entièrement réduit à un système d'images mentales. Puis le lecteur rencontrera ce qui lui semblera être une erreur plus grande encore dans un ouvrage de logique : une discussion d'imagination, plus à sa place, semblerait-il, en poésie que dans une science exacte. Sur ce point, l'auteur invoquera pour sa défense certaines publications célèbres parues récemment sur l'emploi de l'imagination dans la science. L'art de bien penser ressemble, selon lui, à tous les autres arts et doit passer par l'état idéal avant d'arriver à l'état pratique et réel. Toute action n'est qu'une adaptation et une réalisation imparfaite d'un idéal. Si l'on sépare strictement et consciemment l'idéal du réel, si, tout en considérant l'idéal comme impossible à atteindre, on admet que le réel est inspiré et guidé par l'idéal, on se trouvera dans les meilleures conditions de succès. Quel est l'idéal dans les méthodes anthropologiques? Etant données notre ignorance et les lois de la pensée telles qu'elles sont connues actuellement, ce serait supposer que notre esprit est doué d'une rapidité et d'une exactitude de conception infiniment puissantes, ce serait croire que nous disposons d'occasions infinies pour recueillir les faits, que nous possédons une puissance énorme et que nous avons sous la main tous les engins propres à nous aider dans nos recherches et à supprimer la distance. Quand je parle de la suppression du temps ou de l'espace, je ne veux pas dire qu'on puisse faire renaître le passé ni voir l'avenir avant qu'il soit devenu le présent. Dans un univers comme le nôtre, de telles spéculations seraient vaines. Mais ayant devant les yeux cet idéal concevable qui se réalisera de plus en plus dans la suite des âges grâce aux travaux scientifiques et philosophiques, la question que nous nous poserons immédiatement sera la suivante : Que pouvons-nous pratiquement faire? Avec notre pauvre intelligence, dont la puissance est si bornée, avec le peu de matériaux dont nous disposons, avec notre isolement relatif en ce qui concerne la division du travail, que vaut-il mieux faire? Quels sont les facteurs essentiels du problème que je puis attaquer avec quelques chances de le résoudre? Quels sont les détails innombrables que je devrai entièrement négliger? C'est autour de ces deux énigmes, l'idéal et la réalisable, qu'évoluera toute la discussion future.

Enfin il nous faut poser quelques définitions et énoncer quelques opinions avant de les discuter à fond dans le chapitre x. Nous pouvons *grosso modo* indiquer le domaine et les divisions de l'éthique en définissant les expressions suivantes : *éthique de l'univers*, « éthique considérée en tant qu'action », ou *pratique ; éthique traditionnelle*, ou « science de la morale » ; « *éthique considérée en tant que prévision* », *éthique pratique*. En premier lieu, souvenons-nous que dans cet ouvrage l'éthique est identifiée plutôt avec l'art qu'avec la science, qu'elle correspond plutôt à l'action qu'à la connaissance, au côté volitif plutôt qu'au côté réprensentatif de la nature humaine. Le domaine de l'action est l'avenir, le domaine de la science ou de la connaissance est le passé et le présent. Tout d'abord, l'éthique de l'univers est la conception la plus large de l'avenir considéré comme objet de pensée. Dans le domaine de l'éthique, comme dans celui de la science, peut rentrer l'univers entier. En vérité, aucun autre mode de conception des choses n'est complet au point de vue philosophique, et il n'y a pas d'autre moyen d'estimer exactement les forces cosmiques, les forces non humaines et les forces humaines qui concourent à la production de la fin morale. Mais ce n'est pas ce que l'auteur se propose d'étudier. Cette façon d'envisager l'éthique supposerait comme condition préliminaire la connaissance parfaite de toute science et de toute philosophie. Le terme de *pratique* s'appliquera à une conception plus philosophique de l'éthique bien mieux que le terme d'éthique lui-même, tel qu'il est généralement employé. Embrassant par définition le champ entier de l'action humaine, elle épuise la conception de l'éthique de la vie humaine, car elle reconnaît comme coopérant à la poursuite de la fin morale des activités qu'on avait jusqu'ici considérées comme dépourvues de toute qualité morale. Jusqu'à un certain point, elle reconnaît aussi la coopération de forces non humaines dans la mesure où elle étudie l'homme dans ses relations avec le milieu ambiant. Ainsi définie, l'éthique nécessiterait comme préparation préliminaire un emploi des sciences non anthropologiques, emploi impossible dans le présent ouvrage. Par suite, la pratique ne serait pas en morale notre sujet principal, bien que nous dussions souvent l'employer comme un correctif puissant de cette dernière. Le terme d'éthique lui-même sera restreint au sens vulgaire et signifiera l'art de se bien conduire au point de vue traditionnel. En réalité, l'expression « se bien conduire » comprend la conduite dans toutes les occasions de la vie, mais nous restreindrons le sens du terme de « conduite éthique » ou de « conduite morale » à la conduite qui est accompagnée de la conscience d'une obligation. Il est inutile de dire que l'éthique ou la morale ainsi définies peuvent être étudiées par le philosophe à un point de vue déterministe, c'est-à-dire considérées objectivement. Au point de vue subjectif, au contraire, le sujet considère les actions comme librement accomplies. L'éthique peut se diviser en éthique de prévision et en éthique d'action. La première est cette partie de la morale qui étudie les fins, le souverain bien et les fins relatives. Au point de vue déterministe, le philosophe n'a pas d'autres fins à considérer que les fins inévitables et les résultats naturels des forces cosmiques et humaines actuellement en jeu. Par suite, la détermination de ces fins consiste dans la détermination d'une résultante de forces. On peut dire que l'éthique, en tant que prévision, s'applique à tout le domaine de la morale considérée à un point de vue positiviste, puisqu'une philosophie idéale de l'action, établie de la façon idéale précédemment indiquée, pourrait rendre parfaitement compte aussi bien des moyens que des fins. S'il est objectivement vrai que cette philosophie épuise le champ de la méthode en morale, il est subjectivement vrai qu'il y a une éthique pratique, c'est-à-dire une éthique de l'action. Subjectivement, l'idée de fin ou de résultat précède l'idée de moyen ou de cause. Objectivement, la cause précède l'effet. La méthode de cette éthique dont nous avons parlé en dernier lieu, de cet art de l'action, sera étudiée tout d'abord à cause de son peu de rapport avec le reste du chapitre. D'autre part la discussion de la méthode de prévision qui va suivre nous conduit aux lois et aux généralisations dans les sciences servant de base aux prévisions, et nous fait passer en revue les méthodes de toutes les divisions abstraites ou concrètes de l'anthropologie.

Tout d'abord, il faut considérer la marche suivie par l'esprit de l'artiste ou du sujet moral agissant.

Cela a une grande importance pour la grande masse de l'humanité aussi bien dans ses arts et dans ses occupations ordinaires que dans ses efforts pour atteindre à une vie morale. Les efforts de l'humanité recevraient un appui précieux, si la marche essentielle de l'œuvre à accomplir était claire et consciente. Quand les individus bien doués attendent l'inspiration et que la grande masse accumule les erreurs sans avoir conscience d'une méthode meilleure, il semble que le plus grand progrès que puisse accomplir l'évolution humaine doive suivre l'apparition d'un Stuart Mill dans la logique de l'art et d'un Bacon dans la philosophie de l'art. La praxéologie et la pratique, qui sont l'une la science, l'autre l'art de l'action humaine, sont le couronnement de la philosophie de l'avenir. Tout importantes qu'elles soient, il ne leur sera consacré qu'une place restreinte dans ce chapitre, étant données les nombreuses divisions de l'anthropologie qu'il nous reste à étudier. La méthode de la praxéologie sera examinée brièvement dans ses rapports avec celle de l'anthropodynamique. La méthode de la pratique peut se résoudre dans le développement suivant : 1° idées d'une fin ; 2° désir de l'atteindre ; 3° idée des moyens nécessaires pour l'atteindre, matériaux, moyens, processus ; 4° choix des moyens ; 5° volition à l'état complet ou action. Comme des volitions répétées donnent plus d'habileté par ce que l'action devient réflexe, il faut ajouter une 6° phase, l'accoutumance. On peut diviser ces phases en phases purement volitives : la deuxième, la quatrième et la cinquième, et en phases intellectuelles : la première et la troisième. Les premières dépendent des dernières. En d'autres termes, la pensée se transforme mécaniquement en action, avec plus ou moins de facilité selon le degré d'habitude. Par suite, deux choses sont indispensables dans la pratique : 1° acquérir des idées (idées de fins et de moyens); 2° acquérir de l'habileté (par des désirs, choix, actions répétées); ce sont là les deux parties de l'éducation dans tout art. Le type auquel appartiendra un artiste dépendra de la prédominance de tel ou tel de ces éléments dans son œuvre. Sont-ce les idées ? Il sera un chef de travaux, un entrepreneur. Est-ce l'habileté mécanique? Il sera un subordonné, un ouvrier habile peut-être, sans grande initiative. Mais ces deux types ne correspondent pas en art à la faculté d'invention et d'imitation. Le directeur peut être un simple imitateur. Il peut emprunter aux autre ses idées de moyens et de fins grâce à l'observation ou grâce à ses lectures. La différence entre ses idées et celles du subordonné réside dans le degré de généralité plutôt que dans le mode d'acquisition.

Une invention est naturellement une idée nouvelle, créée jusqu'à un certain point par l'artiste qui est devenu inventeur. Les idées d'invention peuvent se rapporter aux moyens aussi bien qu'aux fins. Elles sont rares comparées aux idées d'imitation, quoiqu'elles ne le soient pas tant que l'ont pensé certains sociologues. Quelle est la logique de l'invention? Nous atteindrons l'essentielle de notre réponse si nous expliquons la formation d'une idée nouvelle. Une idée nouvelle naît toujours de la comparaison de deux idées anciennes. Si nous disons qu'une invention a de la valeur, c'est-à-dire qu'elle est un moyen pour arriver à certaines fins, il est évident qu'une des idées qui ont dû occuper précédemment notre esprit est l'idée d'une fin, grande ou petite. Il est évident aussi que la fécondité de l'esprit dans la production des idées dépendra, toutes choses égales d'ailleurs, de la puissance d'information de l'inventeur. L'invention se réduit donc elle-même, en partie, à un élargissement du milieu, et on doit attendre les idées les plus nouvelles de ceux qui possèdent les combinaisons d'expérience les plus nouvelles. Il est encore d'autres qualités indispensables à l'inventeur : l'élasticité de l'esprit qui caractérise les races jeunes plutôt que les races usées et qui vient d'une surabondance d'énergie. Un grand inventeur est un agent moral. Celui qui invente une machine épargnant une grande somme d'énergie humaine dans la satisfaction des besoins humains s'identifie lui-même avec les forces maîtresses de l'univers, aussi bien que le fondateur d'une nouvelle religion.

L'éthique, considérée en tant que prévision, a une certaine analogie avec l'art de l'invention : elle cherche à découvrir les forces dominantes de l'univers et à déterminer les fins et les lois auxquelles la pratique doit obéir pour arriver à cette identification, à cette harmonie de l'homme et des forces cosmiques. Avec l'éthique considérée comme prévision nous arrivons à la matière du reste du chapitre. On peut dire que les données que cet art utilise constituent les fins que les spécialistes doivent atteindre dans les sciences anthropologiques. Or c'est la fin qui détermine les moyens à employer dans ces dernières. L'éthique considérée en tant que prévision comprend en un sens la division précédente de l'éthique considérée comme action : car il faut prévoir aussi bien les moyens que les fins. Il faut tout cela pour établir l'enchaînement des causes.

Les connaissances qui sont idéalement nécessaires pour prédire l'avenir immédiat de l'art comprendraient, par suite, la connaissance de l'esprit de l'artiste, de ses idées de fins et de moyens, et de son habileté. L'art, par conséquent, n'est art qu'à un point de vue seulement, c'est-à-dire subjectivement; il est science à un autre point de vue, c'est-à-dire lorsqu'on le considère objectivement. Pour l'artiste c'est l'art, pour l'anthropologiste ou le psychologue c'est la science qui explique l'artiste et son œuvre. L'artiste peut bien lui-même étudier l'art, il peut étudier ses propres actes, à deux points de vue, subjectivement et objectivement, au point de vue de la science et au point de vue de l'art. Ce qui est l'art pour l'être agissant dans le présent et dans l'avenir devient, dès que l'on passe du présent au passé, un sujet d'étude pour la science et peut être étudié avec profit par le même artiste. L'éthique en tant que prévision embrasse la prévision d'un avenir immédiat aussi bien que celle d'un avenir fort éloigné ; en d'autres termes, une discussion des fins relatives aussi bien que des fins absolues. Comme, dans les pages qui suivront, l'auteur fera souvent usage de ces termes, il faut indiquer brièvement le sens qu'il y attache. L'avenir immédiat commence à l'instant actuel, mais le plus souvent ce terme désignera les années qui vont s'écouler et qui constituent le temps d'expérience de la génération actuelle, mettons par exemple les quinze années prochaines. L'avenir extrême et les fins absolues appartiennent aux ultimes périodes de l'histoire de l'humanité. Nous pouvons leur donner le nom de millénaire final. Il est admis par hypothèse que les conditions cosmiques mettront un jour un terme à la vie de la race humaine. Dans combien de milliards d'années cela arrivera-t-il ? L'astronome de l'avenir sera plus à même de le déterminer que celui de notre époque. Ici nous faisons une autre supposition : c'est que les derniers âges seront un millénaire dans le sens attaché jadis à ce mot, à condition que l'évolution humaine continue jusqu'à extinction de la race. Une autre époque à laquelle nous ferons allusion, parce qu'elle est plus près de nous, est celle qui a été décrite dans plusieurs ouvrages utopiques, l'an 2.000.

Comme nous l'avons déjà fait entendre, il y aura dans notre étude une distinction entre les méthodes idéales et les méthodes pratiquement applicables.

Après avoir considéré les méthodes qu'on peut qualifier d'idéales, nous examinerons les modifications qu'il faut leur faire subir dans nos conditions de travail actuelles. Nous ferons aussi une proposition qui paraîtra un peu étrange et qui relève de méthodes idéales plutôt que de méthodes pratiques, nous proposerons d'introduire la précision des mathématiques dans la terminologie de la prévision. On trouvera là une ressemblance avec l'application du calcul des probabilités à l'action humaine, calcul dans lequel les philosophes et les logiciens ont commis de grandes erreurs. Mais nous n'avons pas l'intention de faire un exposé de possibilités, mais un exposé scientifique : nous exposerons seulement le degré d'exactitude que le spécialiste reconnaîtra lui-même à ses conclusions. Nous proposerons les définitions suivantes, arbitraires et très artificielles, de quelques termes usuels : « certain », « le plus haut degré de probabilité », « absolument impossible », indiquent 95 ou 99 fois sur 100 que le jugement est correct ; « très probable », « haut degré de probabilité », 90 à 95 chances sur 100; « probable », 75 chances ; « plutôt probable », « incertain mais probable », 60 chances ; « simplement probable », 55 chances; « possible », 50 chances ; « impossible », moins de 50. Si ces termes sont employés par un faiseur de prophéties inexact et incompétent, ils n'ont aucune valeur, mais ils en auront une véritable dans les ouvrages d'un spécialiste dont la compétence aura été établie par l'exactitude de ses conclusions et une infaillible sûreté de jugement et d'estimation combinées à une connaissance exceptionnellement approfondie de son sujet d'étude. Elles auraient encore plus de valeur si le spécialiste faisait suivre ses estimations d'une énumération et d'une évaluation des forces principales qui sont les facteurs du problème. D'autres pourraient ensuite voir par eux-mêmes s'il a négligé des forces d'une haute importance. De plus, le spécialiste fera une distinction entre les questions dont il a une grande expérience et une connaissance approfondie et celles dans lesquelles, de son propre aveu, il y a des éléments de haute importance qui lui ont échappé ou dont il n'a pas déterminé la valeur.

Il y a deux méthodes pour prévoir ou pour déterminer la fin morale. On peut les désigner par les termes de méthodes directe et inverse de prévision. La méthode directe raisonne en allant des causes aux effets ; la méthode inverse remonte des effets aux causes. La méthode directe est la plus idéale pour les prévisions d'un avenir immédiat. La méthode inverse est peut-être la plus pratique. Étant donné que les causes existent toutes à l'heure actuelle, il suffit, au point de vue idéal, de déterminer l'intensité de chacune des forces concourantes et de déterminer mathématiquement leur résultante. Il est probable que cela ne pourra jamais être réalisé dans le problème humain. Mais, jusqu'à un certain point, on peut déterminer les forces principales, celles qui contribuent le plus à produire l'effet. Certaines d'entre elles peuvent être réduites à des notations mathématiques, c'est-à-dire à une forme statistique. Par exemple, les résultats de la récente guerre cubaine pouvaient être conjecturés d'après les mouvements de certaines masses, de volume et de vitesse déterminées, d'après le chiffre total des armées, la qualité et la quantité des munitions, la valeur des moyens de transport et de ravitaillement, le chiffre des réserves militaires dont on pouvait disposer. Le choc de pareilles forces se rencontrant ne pouvait donner qu'un résultat unique. Mais, même dans ce cas, il y avait des forces indéterminées forts inquiétantes pour les spécialistes : les orages et la maladie, choses si fréquentes sous les tropiques en cette saison et la situation inconnue de la flotte espagnole. Ce n sont pas seulement les forces militaires des grandes nations qui peuvent être ramenées à des statistiques, mais aussi les forces productrices ayant pour résultat une suprématie industrielle. On peut même évaluer les forces morales et intellectuelles d'un pays par le nombre des églises, des écoles, des publications scientifiques. D'après ces exemples, on peut deviner la pensée de l'auteur. A son avis, les sciences descriptives concrètes, qui étudient le présent, l'anthropographie, et surtout les sciences dans le genre de la statistique qui font usage des méthodes mathématiques sont les principales sciences sur lesquelles doit s'appuyer l'art de la prévision. Nous considérons ici que l'anthropographie comprend l'étude, non pas seulement des phénomènes existant au moment présent, mais embrasse toutes les expériences de la génération actuelle, c'est-à-dire, en chiffres ronds, remonte de l'époque actuelle jusqu'à la limite d'une demi-génération, à quinze années par conséquent. Dans ces expériences rentre l'observation des relations dynamiques aussi bien que statiques et une étude des causes et des effets, plus exacte que ne peut l'être une étude basée sur l'histoire et sur les données des autres sciences. Ceux-là seuls auront une idée vraie de la valeur de beaucoup des forces humaines qui participeront ou assisteront à leur action et qui pourront déployer tous leurs talents d'observation à analyser eux-mêmes la situation au lieu de se contenter des données extrêmement incomplètes fournies par les historiens. Tandis que l'anthropographie est la principale science concrète sur laquelle doit s'appuyer la prévision, ce n'est pas la science abstraite correspondante, l'anthropostatique, qui fournit les lois et les généralisations les plus importantes, mais bien l'anthropodynamique. Ce ne sont pas, pour parler exactement, des lois de l'équilibre, car l'équilibre n'existe pas. Toutes les choses sont en mouvement, et les lois du mouvement sont déterminées par la dynamique. L'uniformité de coexistences de faits n'indique nullement que ce sont elles les causes principales et les effets principaux parmi les facteurs coexistants. Nous devons examiner ceux des facteurs qui précèdent et ceux qui suivent; en un mot, nous devons étudier l'histoire, l'évolution, la dynamique. Ces dernières sciences sont des plus utiles à l'anthropographie dans l'art de la prévision. Mais les lois auxquelles on arrive en les employant doivent être contrôlées par d'autres sciences. La psychologie et la physiologie doivent examiner si leurs conclusions sont d'accord avec la constitution humaine. La philosophie générale dira si elles sont d'accord avec la constitution de la nature. En d'autres termes, quand on emploiera l'induction, toutes les considérations déductives devront servir de moyens de contrôle à la méthode directe.

Dans la méthode inverse, on procède absolument de la façon opposée. On arrive par déduction à des hypothèses sur ce que sera l'avenir, et ces hypothèses sont soumises au contrôle des sciences qui étudient les forces existantes. A juger d'après les faits, que doit-on préférer? On peut, pour quelques sciences, arriver à formuler ces hypothèses. Parfois elles paraissent avoir leur origine, dans la pure imagination dans l'instinct poétique, dans l'imagination créatrice plutôt que dans la science. Le genre d'étude qui les fait naître avec le plus d'abondance est peut-être la dynamique. La maxime : *préjuge de l'avenir d'après le passé*, est probablement aussi vieille que la philosophie elle-même. L'histoire a toujours été un fonds où non seulement les hommes d'État, mais tous les hommes d'action, ont puisé leur inspiration. La nouvelle hypothèse évolutionniste est celle qui dans toute l'histoire des sciences modernes a suscité le plus de faiseurs d'hypothèses. Mais on se rend compte peu à peu qu'elle ne se suffit pas par elle-même et qu'elle doit être corroborée par d'autres sciences biologiques. Dans tout le bruit fait autour de l'évolution, nous avons oublié qu'une désagrégation accompagne toute évolution ; que toute action est suivie d'une réaction ; que le transformisme ne suit pas toujours exactement la marche de l'évolution.

En résumé, l'art de prévoir doit mettre à contribution toutes les sciences et ne doit négliger aucune étude ayant quelque rapport avec le problème à résoudre. On peut prévoir l'avenir non seulement en étudiant le présent au moyen de l'anthopographie, de l'anthropostatique, de la sociographie, de l'éthnographie, de la démographie, de la statistique, des descriptions, des voyages, des fictions littéraires ; en étudiant le passé au moyen de l'anthropodynamique, de l'histoire, des études préhistoriques, de l'archéologie et de la linguistique, par le moyen des sciences abstraites, telles que la psychologie, la physiologie, la sociologie, l'ethnologie, la science de la politique et l'économie politique ; mais les sciences non anthropologiques, mathématiques, astronomie, physique, chimie, biologie, et les sciences concrètes qui les accompagnent sont également des facteurs actifs du problème en ce sens que l'avenir de l'homme est déterminé par le milieu ambiant aussi bien que par sa constitution.

Dans la méthode directe, le plus essentiel est la connaissance des choses, c'est-à-dire des diverses sciences descriptives concrètes qui répondent aux questions : où? comment? combien? Dans cette méthode, l'énumération statistique est l'idéal. Ces sciences se résument dans l'anthroprographie et la géographie, l'une étudiant l'homme, l'autre étudiant la nature. En second lieu, nous devons connaître le mouvement des choses. Nous puisons en partie ces notions dans les sciences abstraites qui étudient leurs qualités. Toutes les qualités sensibles ne sont que des formes de mouvement. Nous puisons aussi en partie ces notions dans l'histoire et les sciences dynamiques qui indiquent la direction et la rapidité des masses en mouvement. Dans la méthode inverse, nous devrons connaître tout d'abord les lois, les généralisations. Il serait fort utile de connaître les lois de l'univers si cela était possible, car les fins relatives que nous poursuivons doivent être en harmonie avec les fins absolues. Tout ceci est l'idéal. Dans la pratique, il faudra choisir les éléments essentiels et négliger le reste; il faudra étudier le présent qu'il est nécessaire de parfaitement connaître plutôt que le passé; étudier par suite plutôt l'anthropographie que l'histoire. Comme nous l'avons déjà dit, le présent est un champ d'observations et d'expériences dans la sphère de la connaissance exacte, et il nous fournira des généralisations aussi bien dynamiques que statiques.

Dans l'éthique absolue, dans la prévision de la fin dernière, l'idéal serait aussi la méthode directe, si le présent pouvait être complètement connu, et, si l'on pouvait utiliser tous les événements passés pour reconstruire les traits généraux de ce passé et montrer la marche de ses forces, ces données seraient suffisantes pour nous aider à prévoir les âges qui nous séparent du millénaire final. Mais, dans la pratique, les sciences abstraites nous sont plus utiles que les sciences concrètes. Nous ne pouvons savoir si la race ou le monde lui-même continueront d'exister aussi longtemps que nous l'avons supposé. Étant donné que nous ne sommes pas des spécialistes en astronomie, pour nous, le meilleur moyen de nous figurer l'avenir est la connaissance de la constitution de l'homme. Aussi longtemps qu'il y aura un homme, l'homme obéira aux mêmes instincts fondamentaux, et, comme de nos jours, il agira en harmonie avec les forces cosmiques, ou bien il cessera d'exister. Mais il ne s'écartera jamais de certaines directions qui lui ont été imprimées dans le passé, comme le montre l'étude de son évolution. Plus les lois qui le gouvernent seront universelles, et plus sa vie morale sera déterminée par elles. Par exemple, si ces lois sont les lois fondamentales de l'univers, la loi de l'indestructibilité de la matière et du mouvement aura pour corollaire cette nouvelle loi : la survivance est la fin éthique absolue. Bien plus, si la loi de l'évolution est vraie en ce qui concerne la race humaine, et l'auteur cherchera à le démontrer dans un des prochains chapitres, cela suffit pour nous prouver que l'évolution, spécialement l'évolution des idées, est une fin éthique secondaire, toujours vraie pour la race humaine, mais non pour tout l'univers considéré dans son ensemble.

Pour terminer, d'après tout ce qui a été dit jusqu'ici, nous tirons la conclusion qu'on peut construire un systhème d'éthique négative plus important que tout système d'éthique positive. Cette éthique sera négative en ce qu'elle déterminera ce qui ne sera pas fait et ne doit pas être fait. L'éthique positive ne peut dire avec certitude ce qui sera fait, car nous ne sommes pas sûrs de voir persister les conditions qui permettent le jeu des vertus actives. Nous ne sommes pas sûrs que le monde lui-même continuera à exister. Mais nous sommes sûrs qu'il est impossible pour l'homme d'accomplir certaines choses. La constitution de l'homme et de la nature, les limites du temps et de l'espace et les lois de l'univers étant ce quelles sont, nous sommes sûrs que rien de tout cela ne sera changé tant que l'homme et le monde existeront : l'homme ne devra pas et ne pourra pas impunément agir contrairement à elles. Le chemin est clairement indiqué aux vertus passives. Les dix commandements sont le type de la loi morale dans sa formule la plus pratique et la plus compréhensive. « Tu ne dois pas faire ceci » est une formule de la plus profonde sagesse. Les prohibitions constituent, de nos jours comme à l'époque de Moïse, le principal rôle des institutions de contrôle morale, religion, mœurs, gouvernement. Les prédictions positives doivent être toujours suivies d'un « si » ; les prédictions négatives sont plus absolues. Même la fin morale absolue dont nous avons parlé précédemment peut être logiquement exprimée sous forme négative, car elle est le résultat direct d'une généralisation négative, qui est la loi fondamentale de toute science et de toute philosophie, savoir : la matière et le mouvement sont indestructibles. Il n'y a qu'un pas à franchir pour passer de cette loi au commandement « Tu ne tueras point ». La destruction du non-moi est une entreprise trop considérable dont le résultat inévitable est la destruction de mon être individuel.

En comparant les conclusions auxquelles nous sommes arrivés, nous pouvons dire que l'avenir immédiat est plus évident pour nous que l'avenir éloigné et que les fins et les obligations relatives sont plus certaines que la fin éthique absolue. Dans les prédictions, il est plus facile d'indiquer le premier résultat qui sera obtenu que le millième. Nous serons moins gênés dans nos calculs par les grandes forces de l'avenir, qui sont maintenant si insignifiantes qu'on pourrait pratiquement ne pas en tenir compte. Dans la pratique et pour employer le langage traditionnel de l'éthique, nous avons des idées plus certaines sur nos devoirs immédiats que sur le souverain bien, et la religion pratique de la vie de chaque jour est préférable à celle qui n'envisage que le monde futur. L'éthique des masses sera plutôt religieuse qu'absolue ou philosophique. Il leur faut poursuivre certains buts, les buts altruistes par exemple, quoiqu'elles ne puissent se les expliquer rationnellement. Seuls les peuples qui agiront ainsi pourront continuer à vivre. Mais une telle conduite sera soit dictée par des sentiments héréditaires, soit imposée par la sanction de l'autorité. Ce sera donc aux moralistes et à ceux qui gouvernent l'opinion publique, aux inventeurs de systèmes moraux ou religieux, d'avoir une philosophie de l'éthique, une explication consciente des fins absolues. Si leur sagesse ne suffit pas à leur montrer clairement la large ligne de conduite qui s'harmonise avec les forces dominantes de l'univers, eux et leurs peuples seront rejetés ou submergés par le flux incessant du progrès.

Nous pouvons ranger tout ce que l'art demande à la science en deux catégories différentes : 1° les faits; 2° les lois. L'art considéré comme pratique a besoin de connaître des faits relatifs aux corps et aux forces existantes, c'est-à-dire les matériaux et les instruments, dans leurs rapports de situation, de quantité et de nombre. Dans l'éthique considérée comme prévision et dans la déterminaiton des fins, la connaissance de tels faits est une base nécessaire au calcul des résultantes et à l'appréciation des possibilités. Les lois des relations causales, la connaissance de certains couples causaux (c'est-à-dire antécédent et conséquent apparaissant généralement ensemble) est également nécessaire, afin que dans la pratique l'artiste sache que certaines causes sont suivies de certains effets, et afin que dans la prévision le philosophe sache que certains phénomènes sont suivis de certains autres. Les faits mentionnés plus haut seront fournis par l'anthropographie, l'histoire et la géographie, c'est-à-dire par les sciences descriptives et historiques; les lois seront fournies par l'anthropodynamique, c'est-à-dire par les sciences abstraites qui étudient les phénomènes de succession. La science de l'anthropostatique est, par suite, de valeur très inférieure à la science de l'anthropographie et de l'anthropodynamique. De ces dernières, l'anthropographie est peut-être plus importante dans l'art de la pratique et dans l'éthique relative. L'anthropodynamique est plus importante en éthique absolue.

La discussion des méthodes de l'éthique et des arts anthropologiques a tenu tant de place que nous ne pourrons pas discuter aussi à fond les méthodes des sciences anthropologiques. Mais ce n'est pas d'une aussi grande nécessité. Stuart Mill et plusieurs anthropologistes ont tellement épuisé le sujet qu'il n'y a plus rien de bien neuf à dire. Nous supposerons dans ce chapitre que les résultats de cette discussion sont admis d'avance et connus du lecteur. Dans tout ce que nous ajouterons, nous nous placerons plutôt au point de vue anthropologique qu'au point de vue sociologique.

La méthode générale de toute science et de la philosophie elle-même considérée comme science des sciences est la méthode inductive. La déduction est quelque chose de secondaire; idéalement, elle n'est qu'une partie de l'induction. L'esprit idéal, doué de facultés illimitées, dont nous parlions dans une des pages qui précèdent, s'il travaillait sans aucune coopération, édifierait une philosophie complète basée sur la connaissance complète de tout ce qui existe dans le présent et sur l'interprétation parfaite de toutes les données relatives au passé. La science déductive ne serait pas nécessaire, parce que toutes les sciences seraient développées par induction et que leurs généralisations seraient synthétisées dans les généralisations encore plus hautes de la philosophie. Ce qui nécessite les déductions, c'est la division du travail, bien que les esprits qui travaillent en commun et que leurs conditions de travail soient, par supposition, de nature idéale. Chacun de ces esprits est versé dans tel ou tel domaine de la science, et il dépend des spécialités de chacune des autres divisions, auxquelles il emprunte les généralisations qui lui sont nécessaires dans l'étude de sa spécialité. Admettant la vérité des résultats auxquels sont parvenus les autres, il en déduit d'autres vérités. Les procédés idéaux de la science philosophique en général et de l'anthropologie philosophique en particulier peuvent être divisés en trois phases : observation, classification et lois. La première analyse les phénomènes de première main, non seulement dans l'anthropologie elle-même, mais dans toutes les sciences qui sont nécessaires pour comprendre la coopération des forces dont s'occupe l'anthropologie. Elle comprend les observations rétrospectives ou études du passé aussi bien que l'étude du présent. Sa méthode est surtout analytique. Il y a d'étroites relations entre elle et les procédés de classification, qui, eux, sont seulement des moyens intermédiaires mais essentiels à l'établissement des lois : car les lois se servent des concepts. La méthode de la classification est synthétique. On arrive par la synthèse et la généralisation à la troisième phase, la phase des lois de cause et d'effet, c'est-à-dire des lois déterminant l'ordre de succession; mais c'est une synthèse non d'individus, comme dans la classification, mais de ce que nous avons appelé couples causaux ou successions. Ces couples observés dans le présent et dans l'histoire sont comparés et rangés par classes. Le concept de ce genre est notre représentation de ce que nous appelons la loi de cause et d'effet par rapport aux phénomènes en question. Nous pouvons dire ici que des types particuliers concrétisent les conclusions des sciences abstraites, aussi bien que celles des sciences concrètes classificatrices. Dans la science concrète, le type a toutes les qualités qui sont communes à tous les individus et n'a aucune des qualités qui ne sont pas communes à tous. Les sciences abstraites n'étudient qu'une qualité ou qu'un nombre restreint des qualités qui sont l'apanage d'une classe d'êtres particulière. Mais leurs objets d'étude sont également réels, et la méthode idéale de ces sciences est l'induction, l'étude approfondie des individus et la généralisation basée sur cette étude. Considérées à ce point de vue, chaque science concrète et chaque science abstraite traversent trois phases : un état descriptif et deux états généralisateurs aboutissant l'un à une classification, l'autre à la détermination des lois. Considérons la dernière phase, celle des sciences explicatives, c'est-à-dire le plus haut développement, ou l'aspect le plus philosophique des sciences abstraites qui étudient la nutrition, la reproduction, et les autres activités humaines, les sciences de l'éducation et du gouvernement, et les autre formes du contrôle, et les sciences plus compréhensives de la physiologie, psychologie, sociologie, morale, et enfin de l'anthropologie philosophique elle-même considérée comme une philosophie basée sur les sciences anthropologiques. La méthode générale de ces sciences devra aboutir à des lois, comme celle de cause et d'effet, et serait, idéalement parlant, le résultat d'une induction compréhensive du présent et de toutes les données relatives au passé. En pratique, quelle est la division du travail qui est applicable dans ce domaine, en considérant spécialement les particularités subjectives des spécialistes de chaque science et leur éducation préliminaire ? Il y aura une première division générale à établir entre celles qui emploient la méthode historique et celles qui étudient le présent. Le premier groupe de spécialistes appuie ses généralisations sur les données fournies par un autre groupe d'historiens, spécialistes des sciences concrètes et vérifiant seulement les faits. En comparant l'histoire des différents peuples et des différentes époques, les premiers généralisent les couples de causes, pour employer le terme proposé plus haut; ils construisent une philosophie de l'histoire. Les résultats de la méthode historique ne peuvent pas, dès maintenant, être aussi féconds en généralisation que la science qui étudie le présent, parce que les données de cette dernière sont beaucoup plus complètes et que l'on peut faire de fréquentes observations et expérimentations. Une matière bien plus idéale serait accessible à l'historien de l'avenir si toutes les observations que le XIXe siècle a rendues possibles étaient enregistrées et conservées à son usage, comme, par exemple, des descriptions des conditions sociales contemporaines à des intervalles réguliers fournies par la statistique et les autres méthodes descriptives mentionnées plus loin. Chaque recensement lui indiquerait d'une façon si minutieuse la nouvelle distribution des forces qu'il lui serait possible d'évaluer, d'une façon assez exacte, les puissances et les directions relatives des mouvements. Les sciences qui étudient le présent nécessitent des spécialisations plus variées par suite de la diversité des matériaux. Quand les données ont été recueillies grâce aux méthodes d'observation, d'expérimentation, d'introspection et de comparaison, par des spécialistes dont la fonction est plutôt de rechercher les faits que de les expliquer, ces données peuvent être résumées en lois générales par les spécialistes plus versés dans chacune des divisions. L'un s'occupera des généralisations en psychologie, un autre en physiologie, un autre en sociologie, un autre en ethnologie, d'autres en statistique; d'autres dans chacune des sciences abstraites qui étudient les activités humaines et les formes de contrôle social, tandis que d'autres encore se consacreront à l'étude des faits provenant de sources plus ou moins scientifiques, biographie, voyages, géographie politique, romans, journaux et autres productions humaines. Quelques autres encore établiront, en s'appuyant sur les sciences non anthropologiques, des règles générales relatives à l'homme et à la nature.

Enfin les généralisations atteintes par toutes ces sciences seront combinées en généralisations plus larges encore par les spécialistes de l'anthropologie générale.

Pratiquement la déduction a une grande importance dans la division du travail, comme moyen de contrôle des généralisations inductives. Il faut rapporter les faits dont un savant s'occupe spécialement aux résultats des études des autres spécialistes. Les généralisations basées sur des données incomplètes doivent être vérifiées à l'aide des généralisations fournies par d'autres domaines de la science. Il y a deux modes de vérification déductive, la première partant d'une généralisation empruntée à une spécialité différente, l'autre partant de généralisations puisées dans sa propre spécialité. Dans l'un et l'autre cas, ce que l'on se propose, c'est de vérifier les généralisations d'une spécialité par les généralisations ou les observations particulières d'une autre spécialité. Comme tous les phénomènes de causalité ne peuvent pas être saisis inductivement dans la pratique, il faut diriger surtout l'attention sur ceux qui révèlent l'action de forces plus considérables. Si toutes ces forces combinées n'arrivent pas à expliquer certains phénomènes importants ou certaines hypothèses, il faut rechercher alors les causes perturbatrices.

Ce que nous avons dit jusqu'ici de la plus haute forme de science, c'est que la phase de généralisation s'étend à la plus grande partie de la méthode des sciences abstraites déjà nommées. Quelques-unes d'elles ne passent pas par les phases inférieures de la classification et de l'observation, mais empruntent entièrement leurs données aux sciences concrètes. D'autres, chez lesquelles l'expérimentation est possible, telles que la psychologie et la physiologie, étudient de première main les matériaux sur lesquels elles basent leurs généralisations. A la rigueur, ces deux sciences ainsi que la sociologie sont de nature concrète aussi bien qu'abstraite, parce qu'elles étudient non pas des qualités isolées, mais un groupe important d'êtres réels doués de qualités destinées à être analysées et classées selon la méthode des sciences concrètes. Nous nous occuperons peu des sciences abstraites sous leur aspect statique, car leurs résultats sont de bien peu d'importance pour l'art et pour l'éthique, comparés aux lois de causalité et aux similitudes déterminées par les autres sciences dynamiques. Cependant l'anthropostatique est un moyen de contrôle indirect des couples de causes. Si la statistique pouvait montrer une coexistence régulière des phénomènes qu'on suppose être vis-à-vis l'un de l'autre dans les rapports de cause à effet, cette hypothèse de relations unissant les deux faits se trouverait, par là même, corroborée. Bien plus, les lois qu'on désigne sous le nom de « lois d'ordre », et qui ont trait aux proportions normales et relatives qui doivent unir des facteurs coexistants, ont leur valeur en éthique dans la prévision et dans l'invention. Des conditions statiques des périodes du passé on peut conclure qu'il n'est pas bon de dépasser certaines limites extrêmes dans le développement de certains instincts, de certaines forces, de certaines institutions.

Revenant maintenant à la phase scientifique de la classification et de l'observation, nous entrons dans le domaine des sciences anthropologiques concrètes. Selon les principes posés précédemment, elles peuvent être divisées en sciences du passé et en sciences du présent; les premières se subdivisent non seulement en histoire, mais aussi en préhistoire. La science générale qui étudie le présent, l'anthropographie, comprend la démographie, la sociographie, l'ethnographie, la statistique et les matériaux peu scientifiques fournis par les relations de voyages, les romans et les œuvres d'un caractère descriptif. Dans certains cas, mais non dans tous, il est désirable, étant donnée une science concrète, de diviser le travail entre ceux qui classent les faits et ceux qui observent. C'est surtout nécessaire dans la statistique. En faisant un recensement, les efforts de beaucoup de spécialistes sont complètement employés à recueillir des matériaux. La mise en ordre et l'élaboration plus complète de ces matériaux doit être abandonnée aux travailleurs de bureau qui disposent de documents imprimés. Une division semblable du travail est nécessaire en ethnographie entre ceux qui recueillent les faits et ceux qui rangent et classent les immenses collections des bibliothèques et des musées. Mais il ne faut pas établir au hasard des divisions arbitraires entre les spécialistes. Les divisions sont faites uniquement pour des raisons de convenance. Dans certains cas, il sera désirable que les spécialistes ne se contentent pas de classer leurs matériaux, mais qu'ils proposent des hypothèses et établissent des lois au sujet de ces matériaux, c'est-à-dire qu'ils pénètrent dans le domaine de la science abstraite. Ce serait à désirer surtout dans les sciences qui permettent des observations et des expériences nombreuses et répétées. Ici, non seulement les lois supposées peuvent être mises à l'épreuve, mais elles peuvent fournir des hypothèses qui guideront le savant dans ses observations.

Une espèce particulière de classification donne directement des lois, comme nous l'avons indiqué ; les généralisations relatives aux couples causaux, suites de causes et d'effets particuliers, forment le sujet des sciences de pure observation. Et, dès que ces couples sont comparés et classés, le but de ces sciences est atteint. Ces sciences formulent, à propos de la régulière apparition de tel ou tel phénomène, des remarques qui peuvent être utilisées par l'art. La seconde fonction cependant de la classification des sciences, la classification des individus, et non pas celle des couples de causes, en fait un simple enchaînement vers les sciences explicatives, comme cela a été déjà dit. Dans cette formation des concepts, il faut pousser aussi loin que possible l'étude de tous les individus semblables. Pour y arriver, le classificateur doit être au courant non seulement des sciences qui étudient le présent, mais encore de celles qui étudient le passé. De même que la paléontologie a rendu des services dans l'établissement de classifications biologiques, de même l'histoire et la préhistoire ne seront pas inutiles dans les classifications anthropologiques et ethnographiques. Au point de vue idéal, il faudra que le classificateur ait observé lui-même tous les faits et recueilli tous les témoignages. Mais, en pratique, dans les plus importantes divisions des sciences, ce travail n'a été accompli que dans une certaine limite, même par des hommes comme Darwin. Le meilleur succédané sera la connaissance de la bibliographie et des documents touchant à son sujet renfermés dans les bibliothèques et les musées, ainsi que l'utilisation des acquisitions intellectuelles d'autres spécialistes. Le classificateur, aidé par le spécialiste des sciences abstraites, dirige aussi le travail de l'observateur, pose les questions et choisit les dispositifs les plus commodes pour l'observation et l'enregistrement des matériaux examinés. Le classificateur qui, en un certain sens, sera chargé de formuler des lois, devra utiliser non seulement les résultats des sciences d'observation les plus précises, mais les matériaux de nature descriptive tels que les romans, la littérature périodique, en un mot, toutes les productions de l'effort humain, les beaux-arts, et les arts utiles, tels que l'architecture et la peinture, les inventions, les machines, les procédés divers.

Les sciences descriptives concrètes étudiant le passé et le présent tendent vers deux grands buts déterminés par l'art, la morale et les sciences connexes de généralisation et de classification : 1° une description des forces existant et agissant à l'époque actuelle est nécessaire pour servir de base à la prévision et à la pratique; 2° les lois, lois des causes et des effets, sont nécessaires pour la même raison; et, pour arriver à déterminer des lois, il faudra disposer d'une classification. Dans le dernier mode de classification et de généralisation indiqué, l'idéal sera d'observer tous les individus, de les analyser, de les classer et de les enregistrer soigneusement. Comme cela est impossible dans la pratique, il faudra observer des individus bien choisis, ceux qui représentent le mieux le type moyen de leur classe, puis les individus anormaux et peu habituels permettant de déterminer les limites extrêmes de chaque classe. L'individu type peut être choisi au hasard dans le milieu le plus favorable; ou bien, après une rapide comparaison, après un coup d'œil jeté sur de vastes groupes d'individus, on peut, par de soigneuses mensurations, s'assurer que les types considérés comme représentant la vraie moyenne la représentent en réalité. Toutes les fois que la statistique peut être employée, elle fournit des déterminations de moyenne des plus satisfaisantes. D'après la loi des « grands nombres », plus une classe d'individus sera étudiée complètement par la statistique, plus les moyennes obtenues se rapprocheront du type exact. Dans les méthodes moins rigoureuses ou recherches sur place où la statistique ne pourrait être employée, il importe que l'observateur note non seulement ce qu'il considère comme le type régulier, mais aussi les produits anormaux. Pour cela, il faut rechercher non seulement les habitats (c'est-à-dire les milieux de production) réguliers et normaux, mais encore les habitats de types anormaux. Nous apprendrons à connaître ces derniers par les rapports inexacts de ceux qui ne sont pas des spécialistes, et nous pourrons en opérer la vérification. Jusqu'à un certain point, les qualités constitutionnelles et intrinsèques d'un individu indiqueront le milieu où il sera impossible de le rencontrer. L'anthropographie, d'après la définition donnée précédemment, s'étend à tout ce que peut observer l'œil du spécialiste lui-même, ou, d'une façon plus arbitraire, aux phénomènes de l'époque présente et des quinze dernières années. Une telle combinaison de l'histoire et de la statistique dans le domaine du présent est nécessaire pour atteindre le second but de la science concrète, c'est-à-dire la description des forces dans la mesure où une force peut être observée en dehors de ses relations temporelles. Ce qu'on appelle « causes », ce sont simplement des phénomènes qui, d'après les observations, précèdent uniformément dans le temps d'autres phénomènes que l'on nomme « effets ». La description exacte des forces comprend d'abord leur localisation dans l'espace, un élément géographique et leur puissance, résultat de leur masse et leur vitesse. La détermination de la masse comprend une mensuration de quantité et de nombre, la détermination de la vitesse, soit la mesure des mouvements et des changements, soit une description de celles de ces qualités qui sont aptes à engendrer un mouvement. L'idéal, dans toutes ces descriptions, est la méthode mathématique, et, en réalité, la statistique est chargée ici de déterminer et d'enregistrer les cas semblables. La statistique pourrait faire des progrès si, comme nous l'avons déjà proposé, ses observations étaient dirigées par des spécialistes des sciences supérieures, et si on l'uniformisait d'époque en époque au point de pouvoir suivre les différentes forces dans leurs changements de quantité ou de direction. Les méthodes pratiques varient dans chaque science d'observation avec la nature des faits observés et avec le plus ou moins de difficultés que rencontre l'observateur.

Dans la statistique, le grand recensement officiel atteint presque l'idéal comme moyen employé, mais n'en approche guère pour ce qui est de la direction ou de l'objet étudié. Même les humbles recherches statistiques d'un simple observateur qui recueille les données de questionnaires scientifiques peuvent avoir une valeur plus grande, sous certains rapports, si elles ont été guidées par une connaissance approfondie des questions à l'étude. De même en ethnologie : l'idéal consiste dans les moyens de la statistique officielle mis en œuvre par une science profonde. Mais les statistiques de ce genre sont rares, et les questionnaires eux-mêmes n'ont encore donné que peu de résultats. Les diverses observations faites par un voyageur peuvent, d'autre part, avoir une très haute valeur si ce voyageur est en même temps un spécialiste en ethnologie ou en sociologie. L'étude sur place ne peut, par sa nature même, s'accommoder de la statistique. Elle nécessite la méthode de travail assez lente, qui consiste à étudier qualitativement quelques individus ou familles sauvages en vivant avec eux, en apprenant leur langue, se conciliant leur confiance, et en jugeant de leurs idées et de leurs facultés par les notations imparfaites de leur linguistique et les vestiges fragmentaires de leurs arts.

L'idéal, dans l'anthropogénie, c'est-à-dire dans les sciences concrètes qui étudient le passé comme l'histoire et la préhistoire, serait d'abord de recueillir tous les matériaux imprimés ou manuscrits, traditions orales, folklore, monuments, œuvres d'art et autres témoignages physiques de l'activité de l'homme. Puis il faudrait ajouter à tous ces renseignements, là où manquent des témoignages directs, les déductions sur la façon dont l'activité de l'homme a pu remplacer dans la chaîne des effets et des causes les anneaux qui nous manquent. Ces déductions sont souvent basées aussi bien sur des phénomènes non anthropologiques que sur des phénomènes anthropologiques. En troisième lieu, il faudrait vérifier les résultats des déductions tirées de la psychologie, de la géologie et autres sciences traitant de l'homme et de la nature et qui indiquent ce qui est possible et ce qui est d'accord avec la nature des choses. Pratiquement, toute œuvre d'histoire, surtout pour la période précédant le XIXe siècle, époque où les statistiques faisaient défaut, est très imparfaite à cause du manque de témoignages et du manque de cette critique des témoignages que l'on trouve dans les écrivains postérieurs. L'histoire moderne et locale elle-même trouve beaucoup d'entraves dans la grande quantité des matériaux et le manque de lien entre les travaux auxquels se livrent les divers historiens. L'histoire se résout en une interprétation et une critique des documents, conformément aux règles de l'évidence subjective ou objective, et ses résultats sont contrôlés par les autres sciences anthropologiques. Elle doit non seulement utiliser la méthode de recherche dans les bibliothèques, mais puiser aux sources originales, parcourir les revues, les manuscrits, les romans, les descriptions de la vie, en un mot tous les imprimés et tous les matériaux ayant quelque rapport avec le passé. La préhistoire ou histoire de l'homme avant l'époque du langage écrit est une tâche encore plus ardue. Ici l'archéologie doit retrouver les vestiges des productions humaines par la lente méthode des explorations et des fouilles. Les musées fournissent au généralisateur des collections de documents : il faut alors reconstituer la vie antique au moyen de ces faits et par des comparaisons avec les faits semblables qui peuvent se rencontrer dans la vie des peuples encore sauvages. Des expériences pourront faire redécouvrir des arts qui expliqueront l'usage des ustensiles primitifs,et, par déduction,on pourra déterminer d'autres arts et d'autres phénomènes qui ont dû exister à la même époque que les premiers. La vie des animaux supérieurs elle-même pourra nous servir de point de départ pour la reconstruction des anneaux qui nous manquent, pour la reconstruction de la vie sub-humaine et de la vie de l'homme quaternaire. La paléontologie nous fournira non seulement des vestiges d'êtres humains, mais des restes du milieu physique et biologique où a vécu l'homme primitif et qui a déterminé son existence. Enfin, dans la philologie, nous trouverons des idées fossilisées qui nous permettront de pénétrer dans la partie la plus périssable de la nature humaine, les pensées et les sentiments intimes.

Passant en revue le champ immense de l'anthropologie philosophique et les difficultés de méthode auxquelles on se heurte dans certaines de ses parties, nous comprenons plus que jamais la nécessité d'une division du travail, d'une coopération intelligente et d'une unité de direction, pour arriver à augmenter et à répandre les connaissances anthropologiques. Il faudra utiliser le grand mécanisme de coopération de la science moderne, associations scientifiques, musées, universités, rapports périodiques, livres. Unir plus étroitement les divers spécialistes du domaine de la science, leur donner la conscience de ce qu'ils sont par rapport les uns aux autres : tel doit être le but des livres du genre de celui-ci.

Pour conclure, nous émettons quelques propositions sur les sciences et les arts en général. La prévision est-elle un art ou une science, ou bien faut-il lui assigner un rang à part parmi les divisions habituelles ? Par sa méthode, elle ressemble aux sciences déductives, et elle se ditingue des arts en ce qu'elle ne comporte pas de volition. Elle a cependant des ressemblances avec l'art en ce qu'elle se combine parfois avec la pratique dans l'invention, dans un même individu, et en ce qu'elle étudie l'avenir, ce qui sera, et par suite, sous sa véritable forme, elle ne peut d'aucune façon être une science exacte. Puis, sciences et arts sont subjectivement semblables dans leurs principaux procédés, et objectivement ils sont des parties des mêmes procédés. Qu'ils soient intelligence ou volition, ils sont semblables au point de vue déterministe, car ce sont les anneaux d'une même chaîne de causes et d'effets. L'anthropologiste qui étudie l'art sera obligé de reconnaître que l'intelligence et la volonté sont des causes coagissantes ; il sera obligé de reconnaître une troisième catégorie de causes non humaines qui agissent concurremment avec ces dernières. Si l'une de ces causes multiples faisait défaut, le résultat ne pourrait être atteint.

CHAPITRE IV

SYNTHÈSE. — HYPOTHÈSES

« L'œuvre la plus haute de la sociologie, dit Spencer, c'est d'embrasser le vaste ensemble hétérogène des choses, de manière à voir comment le caractère de chaque groupe (de phénomènes sociaux), à chacune de ses phases, est déterminé en partie par ses propres antécédents et en partie par les influences qu'exerça et qu'exerce sur lui le reste des choses[1]. »

Si un tel « consensus » est difficile en sociologie, il est encore plus difficile en anthropologie, et sa difficulté, déjà grande dans une science arrivée à son plus haut degré de développement, est encore plus grande dans une science à ses débuts. Aussi ce chapitre n'a-t-il pas la prétention d'être une synthèse, mais simplement une série d'hypothèses rangées sous forme de synthèse. Les limites de ce chapitre ne permettent pas non plus d'aller jusqu'à démontrer que ces hypothèses sont de véritables lois, et nous n'espérons même pas que toutes ensemble puissent résister à l'épreuve finale. Mais celles qui trouveront place dans l'anthropologie vraiment philosophique de l'avenir justifieront l'effort fait ici pour leur donner une formule.

1. *Principles of Sociology*, vol. I, section 210.

Ce chapitre sera naturellement, en grande partie, une répétition des autres chapitres du livre, surtout des généralisations auxquelles nous sommes parvenus. Son principal but sera de faire voir si ces généralisations s'éclairent mutuellement, si les généralisations auxquelles nous sommes arrivés dans les divisions particulières de notre travail peuvent être combinées, de façon à fournir des généralisations encore plus larges, de montrer si elles font partie d'un système qui se tient et si enfin elles sont compatibles avec la philosophie générale. Avant d'aborder le sujet concernant les lois de l'anthropologie, passons en revue, brièvement, ce que l'on peut considérer comme les questions préliminaires les plus essentielles d'une étude complète de l'anthropologie philosophique. En suivant l'ordre des chapitres précédents, nous pouvons affirmer, en premier lieu, que le but principal de l'anthropologie est de fournir une base à l'éthique et une norme à l'art de la vie. Son domaine peut être défini ainsi : cette partie de la philosophie qui étudie la vie humaine. Ses divisions sont une conséquence de sa définition et de sa méthode. Les sciences anthropologiques et sociales ne sont que des divisions de l'anthropologie considérée comme science inductive. A ces sciences elle emprunte, en les synthétisant, les données et les règles qu'il faut appliquer dans la philosophie et la pratique des arts anthropologiques. Une classification à trois dimensions nous permet de représenter le quadruple sectionnement de ses subdivisions, qui étudient l'homme aux quatre points de vue de l'espace, du temps, de la qualité et de l'être. L'éthique considère que les mêmes phénomènes continueront à se produire à l'avenir. Un important élément de notre classification est la classification des activités humaines dans l'ordre de leur importance pour la survivance, et leur division en activités primaires et en activités secondaires, ces dernières servant simplement de moyen aux premières. Les sciences anthropologiques peuvent encore être classées au point de vue de la méthode, en sciences d'observation, de classification et d'explication, ou sciences théoriques. Le principal défaut des sciences anthropologiques et sociales qui existent est, comme le fait ressortir cette classification, leur existence séparée. Elles ont besoin d'être guidées par la science générale, l'anthropologie ; elles ont besoin de l'appoint des autres sciences coordonnées entre elles pour élaborer leurs généralisations. Le principal reproche qu'elles méritent, c'est de ne point vouloir entrer en relation avec l'éthique et avec les sciences appliquées.

Si nous abandonnons ces considérations préliminaires et abordons l'étude de la vie humaine dans le temps et dans l'espace, ainsi que l'examen des qualités et des activités humaines, nous arrivons à la partie essentielle de notre tâche. Cette étude de la race et de l'individu fournira une base à notre système d'éthique. Mais, en pénétrant dans ce domaine, il nous faudra emprunter à la philosophie générale certains postulats qui nous dirigeront et nous suggéreront des hypothèses au cours de nos recherches.

Lorsque nous voulons emprunter à la philosophie les principes fondamentaux de notre anthropologie, nous nous heurtons à une difficulté. Nous nous trouvons en présence de systèmes contradictoires et de problèmes des plus ardus, dont les anthropologistes ne peuvent donner la solution. Et cependant cette solution est pour nous d'une importance capitale. Par exemple, de nos opinions touchant les conceptions matérialistes et évolutionnistes de l'univers, dépendra en grande partie notre théorie de la vie humaine et du devoir. Quelle que soit le système qu'on adopte en philosophie, il est extrêmement important de prendre une position juste en éthique. D'aucuns ont soutenu que la morale ne pouvait pas exister dans l'hypothèse matérialiste, que l'homme était une simple machine, soumise aux forces inexorables du milieu et de l'hérédité, que, dans un tel système, il ne pouvait y avoir ni obligation ni responsabilité, ni devoir, ni culpabilité, ni raison de punir les fautes. L'auteur considère cette façon de voir comme une profonde erreur logique qu'il est possible de dissiper[1]. Nous nous proposons, au cours du présent chapitre, d'exposer la théorie moniste-matérialiste de l'univers et de la vie humaine, afin de convaincre le nombre toujours croissant de ceux qui acceptent certaines parties de cette théorie, que, dans la pratique, ce système aboutit aux mêmes règles, aux mêmes principes de morale que la philosophie classique. Ainsi donc le matérialisme lui-même fournit à l'éthique humaine une base suffisante. Il ne sera pas nécessaire de discuter d'une façon aussi approfondie les opinions philosophiques plus courantes; leur explication est évidente, et on les trouvera examinées dans d'autres ouvrages.

Le matérialisme le plus hardi admet comme postulat que la matière en mouvement est l'ultime expression des choses. Tous les phénomènes de l'univers s'y réduisent. L'esprit, disent les matérialistes, est seulement une plus haute manifestation de la matière.

1. Pp. 303.

Si on leur demande à quoi ils reconnaissent que la matière est le substratum de toute réalité, ils en appellent au témoignage de leurs sens. Selon eux, toute science est dérivée de l'expérience. Ils passent rapidement et avec impatience par-dessus les subtilités psychologiques que soulèvent leurs adversaires sur ce point. Peu leur importe que nos sens nous trompent parfois ; leur témoignage, disent-ils, est en résumé supérieur à tout autre. La science aussi bien que le sens commun de l'humanité partent de la croyance à la réalité objective de la matière. Ce sont seulement d'insensés raisonneurs qui se sont avisés de révoquer en doute son existence. Il faudrait une grande dose de naïveté dans les raisonnements et manquer d'équilibre intellectuel pour douter de l'existence de la matière au point de régler sa vie d'après l'hypothèse contraire. Si l'on demande au matérialiste d'expliquer les idées innées, le sens moral et la conscience, il répond que ce sont là des faits héréditaires en ce qui concerne l'individu, et le produit de l'expérience lorsqu'il s'agit de la race. Tels sont les postulats extrêmes de la théorie soutenue avec quelques variantes par Auguste Comte, Stuart Mill, Büchner, et, nous pouvons le dire également, par Spencer, chez les philosophes ; par Darwin, Huxley, Tyndall, Helmholtz, chez les savants. On peut rechercher l'origine moderne de cette doctrine en remontant à Bacon et Descartes, par l'intermédiaire de Locke et de Hume.

En étudiant la question à la lumière de ces principes philosophiques, que dirons-nous de l'homme considéré comme espèce, comme individu et dans ses relations sociales ? Tout d'abord nous pouvons nous demander quelle explication de la vie humaine on pourrait déduire des lois de la philosophie moniste et matérialiste examinée précédemment. La réponse tiendra en peu de mots. L'homme, diront ces philosophes, est simplement un animal, un aspect plus élevé de la vie animale ayant évolué par d'innombrables phases intermédiaires, partant des degrés les plus bas dans l'échelle végétale et animale. Le matérialiste, niant l'existence de l'esprit ou de l'âme, nie la possibilité d'une vie future. Ne reconnaissant d'autre Dieu que l'essence matérielle que nous appelons l'univers, il considère les religions comme n'ayant aucune réalité spirituelle pour ce qui est de l'objet de leur culte. Il les considère comme utiles, peut-être, pendant un certain temps, au développement de la race, parce qu'elles peuvent alors ajouter de la force à certaines formes de pensées et d'action ; mais il les croit destinées à disparaître devant la diffusion croissante de la science. Si ces penseurs, qui rejettent la religion, ne peuvent trouver à l'éthique de base scientifique, ils doivent être les plus misérables de tous les hommes. Ils considèrent ou plutôt quelques-uns d'entre eux considèrent l'éthique comme impossible, puisque leur système nie la liberté de la volonté et la possibilité du choix de nos actions. L'homme n'est plus alors que le jouet des forces environnantes. Cependant, et nous le verrons plus tard, la morale peut exister même dans le système matérialiste.

Passons maintenant en revue, d'une façon plus détaillée, les principales idées générales de l'anthropologie philosophique. Éclairés par la psychologie biologique et les recherches sociologiques, quelles réponses pourrons-nous donner aux questions suivantes : Quelle est la caractéristique essentielle de la vie humaine ? Quels rapports réunissent l'homme au règne animal?

Quelle est la position de l'homme au milieu de l'univers? Est-il le résultat d'une évolution? Si oui, quelles sont les phases de son évolution? Quelle est l'origine des variétés connues sous le nom de races humaines? L'homme est-il doué de la liberté de volition, est-il une exception à l'égard du reste de l'univers? Quelle est l'influence relative de l'hérédité et du milieu sur l'individu? Quelle est l'origine et l'explication des institutions sociales?

L'auteur croit que la plupart des questions précédentes sont loin encore d'être tranchées; mais, à son avis, dans l'état présent des recherches, les déclarations qui vont suivre ont pour elles une forte évidence. Comme on a pu le voir clairement dans les chapitres consacrés à l'individu et à la race, la biologie révèle une grande ressemblance entre l'être humain et les animaux supérieurs. Les animaux possèdent probablement toutes les facultés mentales et toutes les aptitudes physiques de l'homme; il n'y a aucune différence d'essence; il y a seulement une différence de degré. Par sa nature, l'homme est un animal, quoique cependant de l'ordre le plus élevé et autant que peut le savoir la science, l'ordre d'existence le plus élevé de l'univers. Cependant il est parfaitement permis de supposer que l'évolution plus longue de planètes plus anciennes a produit ailleurs un type mental plus élevé que le sien. L'homme n'est qu'un accident infime dans l'histoire du monde, si on le juge d'après le temps qui s'est écoulé depuis son apparition. La vie humaine ne remonte pas au-delà de 200.000 années, ce qui ne fait même pas la 500e partie de l'histoire totale de la vie sur le globe. Et pendant 5.000 ou 6.000 années seulement de cette période, il a été assez avancé en civilisation pour laisser de son existence d'authentiques témoignages historiques.

Si l'on se sert de l'évolution pour expliquer l'origine des espèces vivantes inférieures à l'homme, il est tout aussi raisonnable de croire que l'espèce humaine est dérivée de l'hypothétique pithecanthropus, espèce de singe maintenant disparue. Peut-être que les restes de « l'anneau manquant » ont été déjà découverts et sont représentés par les ossements trouvés à Java (Pithecanthropus erectus) ou par le crâne de Neanderthal. En attendant des preuves nouvelles, l'emploi de l'hypothèse évolutionniste, dans les sciences anthropologiques et sociales, répand sur cette question des flots de lumière. Il n'est plus permis de douter que l'homme ait évolué de l'état sauvage à l'état actuel. Les instruments et les autres témoignages des civilisations passées, mis au jour par la préhistoire, prouvent qu'il en a été de même sur toutes les parties du globe. Bien que toutes les tribus n'aient pas traversé régulièrement toutes les phases connues sous le nom d'âge de pierre, âge de bronze et âge de fer, ces termes précisent assez bien les diverses étapes de cette évolution. Elles ont certainement passé de l'âge de la chasse et de la pêche à l'agriculture et finalement à l'industrie moderne.

La race humaine n'est qu'une espèce au sens biologique. Il est très probable que l'espèce humaine a eu son origine dans un où deux continents seulement et non dans tous les continents où on la rencontre à présent. Qu'une famille unique de singes ait évolué ou non vers la forme humaine, les familles humaines qui se sont répandues dans les différentes régions sous des climats extrêmes ont pu acquérir des couleurs différentes et des caractéristiques ethniques différentes. Les processus d'adaptation, de variation, de métissage, d'acclimatation, de différentiation et de spécialisation sont de grands facteurs qui expliquent l'histoire moderne des peuples aussi bien que celle des individus. Pour ce qui est de la structure corporelle, l'homme possède, en commun avec les végétaux, les propriétés de nutrition, de croissance, de génération et de motilité. Il a en commun avec l'animal l'innervation, la sollicitude pour la progéniture et l'instinct de conservation.

Après cette discussion, un peu longue, des questions les plus douteuses qui rentrent dans le domaine de notre étude, nous pouvons maintenant essayer d'agencer en systèmes les lois qui, en vertu de notre hypothèse, constituent l'essence de l'anthropologie philosophique. Nous remarquons que l'homme diffère seulement en degré, mais non point en essence de toutes les autres formes de la matière et des autres existences biologiques; nous devons en conclure qu'il est soumis aux mêmes lois fondamentales qui régissent ces dernières. Notre tâche, par suite, comprendra une recherche de toutes les généralisations de toutes les sciences, et une détermination du degré relatif de leur action sur la vie humaine. Dans les pages suivantes, nous nous efforcerons de choisir celles qui ont la plus grande importance en anthropologie. Pour plus de commodité, elles pourront être classées comme les lois de l'anthropologie philosophique et dérivées respectivement : 1° des lois de la physique philosophique; 2° des lois de la biologie philosophique; 3° des lois de la psychologie philosophique; 4° des lois de la sociologie philosophique; 5° des lois spéciales de l'anthropologie qui ne s'appliquent pas aux autres sciences.

Parmi les lois s'appliquant à l'anthropologie philosophique et dont la physique et la chimie ont beaucoup contribué à démontrer le caractère universel et fondamental, nous citerons les lois : 1° de l'indestructibilité de la matière ; 2° de la persistance du mouvement ; 3° de la persistance de la force ou de la conservation de l'énergie ; 4° de l'universalité d'attraction et de répulsion ; 5° de l'universalité de causation ; 6° de la transformation et de l'équivalence des forces ; 7° de la résultante des forces ou du principe de moindre résistance ; 8° du rythme ; 9° de la redistribution de la matière et du mouvement, ou lois de changement, d'évolution et de dissolution. Il faut ajouter aussi les lois d'équilibre et d'adaptation. La loi de survivance est l'équivalent des deux lois de l'indestructibilité de la matière et du mouvement. La loi de la survivance des individus adaptés est, comme nous allons le voir, une loi différente. La loi d'économie signifie : Les forces suivent toujours la ligne de moindre résistance. La loi de réaction à laquelle on fait souvent allusion dans les sciences sociales peut être ramenée généralement à la loi du rythme.

Peu de gens nieront que les lois que nous venons de formuler s'appliquent à la vie humaine, à l'exception de ceux qui considèrent la liberté de la volonté comme indépendante de la loi de la causalité universelle. Nous ne voulons pas entreprendre une nouvelle discussion de cette question, mais nous admettrons que la théorie déterministe est celle qui se rapproche le plus des faits et est en même temps la plus compatible avec les conclusions des autres sciences. Au lieu de remplir le peu d'espace qui nous reste par des exemples d'application de chaque loi, il vaudra beaucoup mieux parcourir de nouveau cette liste, en examinant quelles sont celles de ces lois qui sont les plus importantes en anthropologie.

Tout d'abord n'a-t-on pas fait trop peu de cas de la loi d'attraction dans la philosophie générale aussi bien que dans l'anthropologie? Peut-on saisir la grande question biologique de l'adaptation du milieu sans tenir compte de cette loi? Elle semble avoir une importance aussi capitale dans la philosophie générale que les lois de l'indestructibilité de la matière et de la persistance du mouvement, car ce sont ces lois qui expliquent la présence d'un certain corps à un certain endroit, à un certain moment. La position d'un corps donné est due non seulement à son mouvement originel qui lui fait parcourir une ligne droite, mais à l'attraction des autres corps. L'une des deux forces peut être appelée centrifuge, l'autre centripète. Il en résulte que le corps décrit une courbe. Dans les termes d'attraction et de répulsion rentrent par définition les phénomènes similaires observés dans la gravitation, l'attraction électrique et les affinités chimiques. Non seulement en physique et en chimie, mais dans toutes les autres sciences, on observe de semblables lois d'attraction que l'on expliquera sans doute un jour comme de simples variantes de la forme commune. Pour ce qui est de l'agréable théorie de l'attraction sociale, il ne faut pas la prendre au pied de la lettre. L'attraction qui pousse deux individus l'un vers l'autre résulte probablement d'une conformité d'idées et de sentiments qui peut se ramener à une harmonie des vibrations physiques; certainement l'activité mentale est également réductible en théorie à des affinités chimiques, mais ce n'est pas là l'élément caractéristique du phénomène en question.

L'adaptation est une relation tendant à persister en deux existences. Sans les forces contrariant leurs mouvements, les corps en question resteraient en parfait équilibre. Mais, comme nous venons de l'indiquer, la position des corps eux-mêmes, c'est-à-dire leur adaptation réciproque, est déterminée par les lois de mouvement et d'attraction que nous avons mentionnées il y a un instant. Il peut y avoir adaptation d'atome à atome, de partie à partie, de l'ensemble au milieu environnant. Tous ces cas peuvent être expliqués de façon identique.

Il nous faut maintenant examiner ce qu'il faut entendre par cette expression : « Survivance des plus aptes. » Des plus aptes à quoi? A survivre? Il faut évidemment donner à ce terme une signification plus précise. Jetons les yeux sur l'univers : Qu'est-ce qui survit? La forme passe, la substance reste. La forme est relative ; la substance est absolue. Mais il y a des degrés de relativité. Nous pouvons ajouter que les mieux adaptés survivent. Ce qui est mal adapté au milieu disparaît. Mais ces formes que nous appelons les mieux adaptées ne survivront pas toujours, car elles ne seront pas toujours adaptées à leur milieu futur. Le milieu lui-même change. Par suite, notre loi ne doit pas être interprétée comme si elle assurait la survivance aux choses adaptées au milieu. Notre affirmation relative à la survivance doit être corrigée par l'adjonction de cette proposition circonstancielle : « Aussi longtemps que les conditions restent les mêmes. » Dans un milieu en évolution, nous pouvons espérer la survivance des formes également en évolution. De là l'hégémonie de l'homme sur la terre. Quels sont les facteurs essentiels de l'évolution humaine? L'un d'eux est l'évolution des idées. Étant donné l'esprit humain et les moyens humains de communication, c'est là un résultat inévitable des expériences accumulées des générations. Darwin a dit que la vie était une lutte pour l'existence. Dans cette lutte, quelles sont les choses qui assurent la suprématie et la vie à certains individus et à certaines nations? La force physique, la souplesse intellectuelle et l'habileté sont évidemment des éléments de succès. Ne pouvons-nous pas dire que ceux-là survivront qui centraliseront le plus de force, qui pourront servir de conducteurs à la plus grande somme d'énergie physique, qui feront preuve du plus puissant génie directeur dans l'usage et l'agencement des forces cosmiques ou non humaines au moment critique et à l'endroit critique? Ainsi, dans les chocs de forces opposées, le résultat est déterminé d'avance. Cela ne s'applique pas seulement à la guerre. La force physique peut jouer un grand rôle dans la centralisation de l'énergie, mais la connaissance de forces cosmiques, comme la puissance des explosifs, et la possession d'agencements matériels, comme les vaisseaux et les canons, ont une efficacité mille fois supérieure. L'éducation par suite et la science, en un mot la personnalité combinée avec la possession des agencements non humains fait de l'homme le conducteur de forces le plus puissant dans la lutte pour la survivance. Même s'il périt comme individu, il lègue à ses descendants son organisation physique et ses biens matériels; son espèce, où sa famille survit dès lors parce qu'elle est la plus forte.

Mais l'expression « survivance des plus forts » n'est pas assez exacte. Il n'y a pas simplement une survivance des plus forts au point de vue individuel, mais une survivance des plus puissants centres de forces cosmico-humaines, c'est-à-dire une survivance de l'homme le plus fort ou de la nation la plus forte, en spécifiant bien qu'une grande partie de leur force peut résider dans le milieu environnant ou dans la coopération d'éléments humains et non humains, dans leur adaptation mutuelle. Le déterministe peut dire que l'élément non humain s'accorde avec l'élément humain pour produire le résultat. Le terme : « les plus puissants centres de force » impliquera aussi ces deux éléments. C'est en grande partie le milieu qui explique la survivance de certains peuples. Si, pour un instant, nous concentrons toute notre pensée sur l'homme, nous pouvons dire que l'énergie est l'élément central de sa personnalité. C'est le fond commun dans lequel se résolvent toutes les formes d'énergie cosmiques et humaines qui agissent sur lui par l'hérédité et par le milieu ; c'est la source de toutes ses activités diverses, mentales ou physiques. L'élément commun, opposé à lui dans l'univers, est l'utilité. C'est le résultat de certaines de ses activités quand elles dépassent sa propre constitution ; et de ce fond commun il tire les diverses formes de satisfaction de ses besoins. L'énergie et l'utilité sont les deux pôles contraires de la philosophie anthropocentrique. Mais cela ne nous suffit pas. Notre but présent est de reconnaître tous les éléments de survivance sous les formes d'énergie humaine ou non humaine. La raison de la suprématie de l'homme sur notre planète, c'est, nous pouvons le dire, qu'il est plus apte que certains autres êtres à se rendre maître de centres d'énergie puissants à des moments critiques. Cela explique ses luttes contre les formes de la nature animée ou inanimée. Cela explique les luttes et la survivance des individus ou des races. La puissance de l'homme comme accumulateur de force est un résultat à la fois de l'intégration et de la différentiation de la substance. Dans l'individu et dans la race, il s'est amassé une énergie latente grâce à une intégration de matière due, d'un côté, à une hérédité favorable, et d'autre part, à un milieu favorable, c'est-à-dire à un milieu fournissant abondamment nourriture et protection. La différentiation de substance qui est nécessaire est peut-être une différentiation de substance cérébrale accompagnant l'évolution des idées ou de la substance ambiante qui aboutit à des machines et à des agents prêts à se mettre au service de l'homme. Ces facteurs sont en partie acquis au cours de la vie ; mais la plupart sont un legs de nos ancêtres. L'antique adage « Savoir c'est pouvoir » n'est qu'une demi-vérité. Une machine est une puissance, la constitution physique et mentale est une puissance, les alliés cosmiques de l'homme constituent aussi une puissance. Mais ces deux derniers facteurs restent relativement identiques à eux-mêmes, au cours de l'histoire de l'humanité. Aussi le progrès de la civilisation dépend-il principalement d'une complexité croissante des idées et des machines ou d'agencements utiles de la substance. Les livres peuvent être mis au nombre des plus utiles de ces agencements de substance. En additionnant tous ces facteurs, nous pouvons dire que le progrès consiste en ce que chaque génération possède plus d'énergie latente que la génération précédente. Pourquoi le sceptre de la civilisation est-il passé peu à peu entre les mains des nations occidentales et septentrionales, des Égyptiens aux Anglo-Saxons? Ce n'est pas uniquement parce que certaines nations arrivaient l'une après l'autre au maximum d'instruction, mais parce qu'elles devenaient plus énergiques. Un héritage de livres et d'agents matériels ne suffit pas : une personnalité est nécessaire pour les utiliser. Quand la réserve d'énergie s'épuisait dans une race dégénérée, c'étaient les nouvelles races fortes vivant dans un milieu plus favorable au développement de l'énergie qui recevaient et utilisaient l'héritage du passé. Aucune époque préhistorique plus que l'époque glaciaire ne fut plus favorable à la production d'énergie, de force physique et d'industrie ingénieuse ; plus tard ce furent les milieux froids et âpres qui suscitèrent le plus d'énergie et de persistance dans la domination des choses environnantes, qui favorisèrent l'éclosion des plus hautes civilisations. Tant que la science et les forces économiques toujours croissantes ne se heurteront pas à des difficultés insurmontables, nous pouvons supposer que, au nord, l'étoile de l'empire marchera peut-être vers les immenses espaces du Canada et de la Sibérie. Nous consolerons le pessimiste en lui affirmant que la civilisation est un résultat de la souffrance. Les peuples qui ont pu sans périr supporter le mieux la faim, la soif, le froid, ou les luttes sanglantes dans la France glaciaire, dans l'Égypte aride ou dans les forêts du nord, sont ceux qui ont posé les fondements des empires futurs.

Nous n'examinerons pas les autres lois de la physique philosophique. La question de savoir si l'universalité de causalité est vraie de tous les phénomènes humains a été implicitement comprise dans tout ce que nous avons dit au sujet du libre arbitre. La conclusion la plus raisonnable, c'est que cette loi reste toujours vraie et que l'homme ne fait pas exception à cette règle. Nous ne pouvons pas douter non plus que la loi de conservation de l'énergie ne soit vraie de tous les phénomènes humains. Idées, sentiments, volitions peuvent certainement être interprétés comme des simples formes de l'énergie humaine, dont on peut, d'autre part, retrouver l'origine dans l'énergie ambiante. Quant à la loi de direction suivant la moindre résistance, on peut, dans toutes les branches de l'activité humaine, trouver les preuves de son exactitude[1].

Nous avons déjà abandonné la question des lois physiques pour étudier celles de la biologie et même de la sociologie. Il en sera de même dans ce qui nous reste à dire au sujet de l'évolution. Bien que la loi d'évolution soit universelle, en ce qu'elle s'applique à toutes les existences, on l'a complètement identifiée avec la biologie. Que Spencer ait eu raison ou non de dire que c'est là la loi fondamentale de la philosophie, celle qui unifie toutes les autres, il n'en est pas moins vrai qu'il a été parfaitement autorisé à en faire la loi la plus essentielle de toutes les sciences qui forment la substance de son système, les sciences biologiques. Aussi longtemps, en effet, que la vie persiste, il y a évolution. Cela saute aux yeux de ceux qui étudient ces sciences.

Mais cette loi ne joue pas un rôle aussi prépondérant dans les sciences physiques. Dans ces dernières sciences, nous rencontrons la dissolution aussi souvent que l'évolution. L'évolution est la forme caractéristique du changement dans notre partie de l'univers. La dissolution peut être la loi de ses autres parties. La somme de matière et de mouvement restant identique, l'évolution sur un point de l'univers doit être contreba-

1. Voir, par exemple, pp. 102, 215.

lancée par la dissolution sur un autre point. N'y a-t-il pas équilibre entre ces deux processus, et la loi universelle n'est-elle pas non point la loi d'évolution, mais la loi d'action? Toutes les choses sont dans un flux et reflux incessant. L'action est le seul terme qui caractérise toutes les phases du processus, comme le terme survivance caractérise les résultats impliqués dans les lois fondamentales.

Étant donné l'existence de la matière, il doit y avoir une survivance; étant donnée l'existence du mouvement, il doit y avoir changement ou action. Les lois de l'action et de la survivance continueront à gouverner les choses, alors même que le règne de l'évolution sera à sa fin sur notre planète. De plus, comme nous l'avons montré dans les chapitres précédents, l'évolution ne peut pas expliquer autant de phénomènes humains que le croyait Spencer. Il est des formes d'existence qui ont une tendance inhérente à évoluer. Les moyens tels que les agents sociaux du gouvernement et de l'État n'évoluent pas, mais se modifient, parallèlement aux activités qu'ils servent.

Quant aux autres lois subsidiaires de l'évolution, comme la loi d'équilibre, de différentiation et de ségrégation, il n'est point nécessaire d'en établir ici la théorie ni d'en donner des exemples explicatifs. Spencer en a suffisamment montré l'application aux phénomènes humains dans son système en général, et en particulier dans son étude très détaillée de leur action dans les phénomènes biologiques et sociaux[1]. Non seulement la loi d'adaptation est aussi essentielle pour expliquer les phénomènes de l'univers en général que

1. Voir *First Principles*, chap. XXI, XXII, etc.

les lois de l'indestructibilité de la matière et du mouvement, mais c'est là une des lois les plus générales, dont doivent tenir compte le biologue, l'anthropologiste et le sociologue. L'adaptation est une des premières conditions de la survivance. Cette loi a pour corollaire la loi de différentiation, en vertu de laquelle les races et les tribus humaines s'adaptent aux conditions de milieu les plus différentes, à la chaleur et au froid, à l'abondance comme au manque de nourriture, etc. ; cela permet à l'espèce humaine de mettre à contribution, pour satisfaire ses besoins, une plus grande partie de la surface de la terre que ne peuvent le faire d'autres espèces. Cela accroît les possibilités d'existence et augmente la somme totale de la vie humaine. La loi de spécialisation est vraie de l'organisme individuel aussi bien que de la société, des fonctions biologiques aussi bien que des fonctions psychologiques ou sociales. La spécialisation des individus et des races a rendu l'homme capable d'exécuter des combinaisons de plus en plus parfaites qui lui permettent de faire servir le monde à son usage et de le dominer.

Les activités de l'individu ont pour résultat non seulement son adaptation au milieu, et, par l'intermédiaire de l'individu, l'adaptation de ses descendants ou de l'espèce en général, au milieu ambiant, mais encore une adaptation du milieu en faveur de l'espèce. Ce dernier mode de l'adaptation s'observe beaucoup dans la vie humaine et caractérise tous les organismes dont l'attitude dans la lutte est plutôt offensive que défensive. Mais les autres animaux, les carnivores par exemple, adaptent à leur usage plutôt le milieu organique que le milieu inorganique, tandis que l'homme civilisé adapte l'un et l'autre. L'histoire de la civilisation ou histoire des relations que l'homme contracte avec son milieu, dans un lieu donné, sous la forme d'une lutte pour l'existence, se divise de la façon suivante : 1° La première phase, où les hommes sont encore en petit nombre, est caractérisée par la lutte de l'homme avec le milieu non humain et organique, surtout dans les régions où des organismes très semblables au sien lui disputent la suprématie ; 2° La seconde phase s'observe dans les agglomérations humaines. C'est alors un combat de l'individu contre le milieu humain ou social ; 3° Dans la troisième et dernière phase, les agglomérations diminuent par suite d'émigrations ou d'autres facteurs ; les instincts humanitaires poussent plutôt à la coopération qu'à l'opposition. La caractéristique de cette phase est la lutte contre le milieu inorganique. C'est l'âge des machines ; les forces de la nature inorganique sont mises au service de l'homme. Pour parler comme Spencer, les deux premières phases correspondent à la période militariste, la troisième à la période industrielle[1]. Les deux premières sont communes à la vie humaine et à la vie animale ; la dernière est particulière à l'homme. La souffrance est un trait si essentiel des deux premières phases que Patten propose de les appeler l'âge de l'économie douloureuse (pain economy). La dernière où la proportion des objets utiles s'est fortement accrue serait alors l'âge de l'économie agréable (pleasure economy[2]). Dans la période industrielle, la lutte pour l'existence est moins une lutte entre nations qu'une lutte des nations civilisées contre le reste de l'univers (monde animé ou

1. *Principles of Sociology*, vol. I, section 258.
2. Comparer : Giddings, *Principles of Sociology*, New-York, 1896, pp. 405, 406.

objets inanimés). Les Congrès de la paix qui correspondent à l'accroissement, à l'époque moderne, des relations commerciales et industrielles sont tout à fait significatifs en ce sens. La guerre tend de plus en plus à disparaître, entre nations civilisées, pour faire place à la lutte industrielle. Les armées servent surtout contre les peuples demi-civilisés et barbares, et on peut croire aisément que la force armée sera toujours nécessaire contre eux, si toutefois l'homme veut mettre à son service l'univers entier. Ce que nous avons appelé la lutte pour l'existence ne rentre pas uniquement dans le processus d'évolution. C'est une partie du processus plus général d'adaptation. Cependant il n'est pas très exact de désigner le processus tout entier sous le terme de lutte, si du moins nous voulons simplement indiquer par là l'existence de la douleur. Les activités impliquées dans l'adaptation sont, dans une large mesure, plus agréables que douloureuses. Même la guerre et les combats contre les bêtes féroces peuvent, jusqu'à un certain point, être un plaisir. La douleur a son siège dans les cellules sensorielles, motrices ou idéationnelles. La douleur qui naît de l'adaptation du milieu rentre principalement dans ces deux premières catégories. C'est une douleur sensorielle pour l'être humain d'être exposé aux atteintes des agents externes animés ou inanimés. C'est une douleur des cellules motrices quand les efforts humains sont exagérés, par exemple dans une guerre offensive. L'adaptation de l'homme lui-même peut être aussi une lutte, une lutte interne, et est suivie de douleurs rentrant dans les deux dernières catégories plutôt que d'une douleur sensorielle. D'autre part, il se produit aussi une douleur motrice au cours de l'activité excessive que la survivance nécessite souvent. Mais le conflit intérieur des idées qui accompagne une réadaptation à de nouvelles conditions est également une source de douleur. Dès lors la civilisation est en grande partie un produit de douleur.

Si nous voulons exprimer ce qu'est l'évolution humaine, en nous plaçant au point de vue de l'énergie, nous dirons qu'elle consiste en une intégration croissante, au profit de la race, de l'énergie puisée dans le milieu. Ce n'est pas seulement un accroissement de puissance constitutionnelle, physique et mentale, mais un accroissement de la faculté de centraliser la force par l'emploi d'agents physiques, tels que les machines, les outils, les maisons et les livres.

Nous ne mentionnerons que très brièvement les autres lois biologiques. C'est tellement un lieu commun en sociologie qu'il n'est guère nécessaire d'aborder ce sujet. Nous ne remplirons point nos pages d'exemples de l'application de ces lois dans les diverses branches de l'activité humaine ; nous ne répéterons pas non plus ce que nous avons dit dans les chapitres relatifs aux activités primaires et secondaires. Le lecteur pourra faire tout cela lui-même. Les lois que nous avons étudiées, en particulier les lois relatives à la survivance, l'adaptation et l'évolution, peuvent être considérées comme des lois relatives aux fins. Les autres lois de la biologie, de la psychologie et de la sociologie sont surtout relatives aux moyens. Les unes indiquent les moyens existants ou possibles, les autres considèrent le mode d'action de ces moyens. Dans la première catégorie rentrent les principes relatifs à la dépendance réciproque des activités primaires et secondaires ; dans la seconde catégorie, on peut ranger les lois relatives aux limites d'exercice et à l'alternance des exercices. Les chapitres précédents sont consacrés à démontrer que les activités secondaires sont un produit des activités primaires, en dépendent et sont des moyens qui contribuent à leur mise en jeu. Si on les distribue dans l'ordre de leur importance vis-à-vis de la survivance considérée comme fin, la nutrition, la reproduction et la protection se placent au premier rang; puis viennent l'innervation et la locomotion, moyens indirects employés par les trois activités précédentes, mais qui sont elles-mêmes des activités primaires, en ce sens qu'elles sont devenues des éléments constitutionnels de la nature humaine, tout comme la fonction esthétique. Les plus importantes des activités secondaires sont les moyens de suggestion sociale, communication et éducation; puis les moyens de contrôle social, gouvernement, religion, cérémonial. Mais il y ici dépendance réciproque; le haut développement de toute activité soit primaire, soit secondaire, dépend du haut développement de l'autre groupe d'activités. Chacune dépend de toutes les autres. Une grande loi, qui cependant a quelques exceptions, facile à observer surtout dans la dérivation des activités secondaires des activités primaires, est la suivante : L'action passe de l'état direct à l'état indirect. Quant au mode de fonctionnement des activités humaines, nous observons des limites d'exercice minimum et maximum très bien tranchées, au-delà desquelles l'organisme se détériore. Cette loi, très évidente pour ce qui est des fonctions physiques, est indubitablement vraie des activités psychiques. Etroitement unie à cette loi est la loi de l'alternance des activités, le besoin de variété et de repos.

On a beaucoup discuté la mesure relative dans laquelle l'hérédité et le milieu déterminent les actions humaines. Sans entrer à fond dans une discussion de ce sujet, nous pourrons répéter ici que : 1° c'est surtout le milieu qui explique le mieux les différences entre individus appartenant à la même race ou à la même famille ; 2° c'est surtout l'hérédité qui explique les différences entre les familles et les races. Mais il faut être assez circonspect dans l'emploi de ces termes. Si nous remontons assez loin, non seulement jusqu'aux premiers êtres humains, mais aux ancêtres de l'homme, nous pouvons comprendre toutes les diverses influences, y compris l'hérédité, dans le terme de milieu. De même, un seul individu peut être considéré comme un produit soit de l'hérédité, soit du milieu, selon que nous le prenons dans son enfance ou dans son âge mûr. Dans les arts sociaux et en morale, la question la plus pratiquement importante est celle de l'influence relative de la personnalité et du milieu à un moment donné dans la détermination d'une action. Il faut examiner ce que l'un et l'autre sont et non point ce qu'ils ont été à l'origine. On peut en grande partie voir dans la personnalité un résultat des milieux précédents où l'homme a vécu ; on peut prouver aussi que le milieu est en grande partie un résultatde personnalités précédentes. Bien plus, la transmission héréditaire, elle-même, bien que l'emploi de ce terme soit un peu douteux ici, peut être regardée comme embrassant par définition l'adaptation des milieux déjà mentionnés, machines, maisons, livres ; ce legs matériel est, dans la civilisation, d'une importance aussi capitale que les legs physiques ou psychiques.

Si nous examinons les lois de la psychologie et de

la sociologie, qui devront figurer dans notre liste, nous en trouverons un certain nombre qui ont été déjà mentionnés. La plupart des lois de ces deux sciences, ne sont que des lois de la physique ou de la biologie, appliquées seulement à des phénomènes d'un ordre particulier, phénomènes psychiques ou phénomènes sociaux. La plupart des lois de la psychologie sont relatives aux moyens, c'est-à-dire que l'esprit lui-même étant un moyen pour atteindre les fins d'évolution, d'adaptation et de survivance, ces lois sont relatives à la manière dont l'esprit opère en tant que moyen.

Quelques exemples suffiront pour rappeler au lecteur que ces lois forment la matière des ouvrages de psychologie et qu'il faut s'adresser à ces livres plutôt qu'à celui-ci pour avoir des détails sur les lois de l'activité psychique. Toute connaissance vient de l'expérience ou de l'observation et va du particulier au général; de l'intérêt naît l'attention, et de l'attention naît la connaissance; la connaissance fait naître le désir, et le désir produit l'action; ce sont là des lois connues de chacun, des lois fondamentales. Tarde en cite bien d'autres dans son excellent examen de l'imitation et de l'opposition ou invention, tout en passant de leur côté psychologique à leur côté social. Le point de départ de l'imitation est l'acquisition d'une idée nouvelle, et correspond à cette tendance qu'a le spontané à devenir habituel, les actions volontaires à se transformer en actions réflexes et à s'exécuter plus habilement. L'invention correspond à la tendance opposée, c'est-à-dire consiste à passer de l'instinctif au rationnel, de la fixité à la plasticité, de l'héréditaire à l'acquis. L'invention et l'imitation se complètent réciproquement. Chacune d'elles commence là où l'autre finit. L'une et l'autre sont d'une nécessité fondamentale dans la civilisation, l'imitation étant la base de l'ordre, et l'invention le principe de tout progrès; de leur action combinée résulte, comme Tarde l'a prouvé, l'adaptation[1].

La dépendance réciproque de l'ordre et du progrès nous paraît être ici une autre loi fondamentale de l'anthropologie et se trouve en relation directe, en tant que moyen, avec les grandes fins d'adaptation et de survivance. L'ordre est la conservation de ce qu'il y a de plus économique dans les choses anciennes; c'est un résultat non seulement de l'imitation, mais de l'hérédité de la personnalité, c'est-à-dire d'un bon organisme, d'un bon caractère, de bons instincts. Le progrès est l'essence de l'évolution, de la complexité croissante, de la création et de l'invention des moyens de survivances plus économiques. Son côté physique est beaucoup moins important que l'élément psychique. En effet, l'évolution physique est très lente, et la conservation physique est très puissante; le principal élément du progrès est, par suite, l'évolution des idées. Et en réalité c'est là la principale caractéristique et la principale loi de la vie humaine; car l'essence de la vie elle-même est plutôt le progrès que l'ordre. Sans cela, la vie ne pourrait se conserver dans un milieu toujours en évolution; ce n'est qu'en évoluant lui-même qu'un être humain peut lutter avec quelque succès contre toutes les formes de la vie qui l'entourent, surtout dans les temps préhistoriques. De nos jours une évolution mentale est plus nécessaire encore, pour que l'homme puisse lutter avec succès contre les obstacles croissants qu'élève devant lui le milieu inorganique

1. *Les Lois sociales*, Paris, 1898.

et végétal. Non seulement l'homme a été prodigue du bois de ses forêts, mais il épuise les gisements de charbon et la richesse du sol. Le monde finira par offrir de moins en moins de chaleur et d'énergies utilisables. Pour rester maître jusqu'à la fin du monde, l'homme devra par évolution donner naissance à une nouvelle espèce, à un être surhumain, aussi supérieur à l'homme de l'époque actuelle que celui-ci l'est à ses ancêtres demi-humains.

Une loi qui a été mentionnée plus haut a des rapports très étroits avec le principe général de l'évolution humaine et peut être considérée comme l'expression d'une autre fin de la vie humaine. C'est la loi de l'évolution des idées d'après laquelle : Les idées de la race sont soumises à une différentiation et une intégration de plus en plus complètes. Il ne paraît pas impossible que cette complexité croissante des acquisitions mentales de l'humanité continue même après que l'évolution organique aura cessé sur notre planète. Pendant un court laps de temps, l'homme pourra résister à la dissolution ambiante, si nous le supposons capable de continuer à dominer les systèmes complexes de pensées représentés par la science et les adaptations physiques des âges passés et futurs. De la loi de complexité croissante des moyens il résulte ceci : L'évolution humaine consiste essentiellement en une complexité et une différentiation croissantes des idées. Le vaste système de la civilisation avec tout ce qu'est venue y ajouter chaque nouvelle génération se réduit à un système d'idées élaborées et coordonnées au cours de l'existence de la race humaine, et qui, après avoir été débarrassées des détails inutiles et insignifiants, sont assimilées par chaque nouvelle génération. Et ce vaste système d'idées n'existe pas consciemment dans l'esprit des hommes vivants, à n'importe quelle phase du progrès de la civilisation; mais on peut les retrouver en grande partie dans les ouvrages imprimés ou écrits que nos ancêtres nous ont légués, et dans les machines et les œuvres d'art qui sont la personnification plus concrète encore de ces idées.

Aucune complexité cérébrale ou mentale individuelle, si étendue qu'elle soit, ne peut soutenir la comparaison avec la complexité des systèmes intellectuels dont a hérité la société dans son ensemble. Tandis que la complexité cérébrale s'accroît de siècle en siècle par de légères acquisitions successives, suivant une progression arithmétique, la complexité des idées héréditaires s'accroît selon une progression géométrique. Les généralisations faites par une génération sont coordonnées par la génération suivante de façon à donner des généralisations encore plus hautes. Une découverte faite par une génération peut permettre à la génération suivante de faire une douzaine de découvertes. Ce qui fait la grande différence entre les peuples sauvages et les peuples civilisés actuels, c'est la différence de complexité des systèmes intellectuels dont ils ont hérité; la possession du langage écrit est le principal facteur de la supériorité de l'homme civilisé, à ce point de vue. Les idées cependant ne se transmettent pas seulement par le moyen du langage écrit ou même parlé. La loi d'imitation, telle que l'a formulée Tarde, explique dans une large mesure pourquoi chaque génération accepte les systèmes de la génération précédente. Les idées sont acquises par suggestion, par l'observation des actions des autres, et portent à l'imitation. La grande importance de cette loi, si efficace au point de vue des résultats sociaux, c'est qu'elle gouverne les instincts conservateurs, cette grande force de protection du passé. Si une génération ne voulait rien accepter des générations précédentes, elle retournerait presque à l'état sauvage. Car, si bien qu'elle remplisse les trente ou quarante années de son existence, une génération ne saurait inventer qu'une infime partie des grands systèmes dont l'utilité a été reconnue dans le passé. Il est donc extrêmement important que la majorité des hommes aient des tendances conservatrices et que les enfants soient imitateurs par nature et acceptent ainsi inconsciemment les lourdes charges que la civilisation les oblige à porter.

Revenons pour un instant à l'hérédité et à l'éducation. Nous pouvons dire que ce sont là les principaux moyens dont dépend la complexité des idées. L'hérédité donne à l'homme une masse cérébrale de la complexité qui convient à l'état civilisé, et l'éducation lui fournit les idées léguées par le passé. L'une et l'autre sont absolument essentielles. Un homme qui aurait seulement, quant au cerveau et à la complexité cérébrale, l'hérédité d'un Australien, ne pourrait jamais arriver au niveau d'éducation que nécessite le degré très élevé de notre civilisation. D'autre part, il est évident qu'un cerveau provenant d'une bonne hérédité, mais livré à lui-même, ne pourrait, dans l'espace d'une vie humaine, acquérir plus qu'une infime fraction des idées civilisées que nous inculque l'éducation. Nous employons ici, cela va sans dire, le mot d'éducation dans le sens le plus large, pour exprimer l'acquisition des idées en se servant de toutes les ressources de l'expérience. La plus grande partie de notre éducation se fait non pas à l'école, mais par un contact immédiat avec notre milieu physique et social, et par l'élaboration mentale personnelle des matériaux acquis par l'esprit individuel. La loi d'imitation s'applique à une grande partie de l'éducation conçue dans ce sens large du mot. On peut invoquer plusieurs raisons pour expliquer pourquoi les idées doivent évoluer. L'évolution des idées commence en même temps que l'emploi du langage, qui sert à conserver les idées des générations précédentes et à transmettre aux générations à venir les résultats des expériences humaines de tous les âges. Le processus continue parce que la vie persiste, car toute la vie n'est qu'expérience. Le milieu lui-même évolue sous les yeux de l'homme, et ce spectacle évoque chez lui de nouvelles idées. Non seulement les forces cosmiques changent constamment la face du monde, la forme de la vie végétale et animale, produisant ainsi de nouvelles réactions psychiques; mais les puissantes modifications apportées à la nature par l'action de l'homme, la complexité des formes que la nature finit par produire, et finalement la complexité indéfiniment croissante du milieu social, avec ses institutions et sa minutieuse division du travail, tout cela stimule et accroît la complexité de la pensée humaine avec une étonnante rapidité. De plus, l'homme voyage dans de nouveaux milieux et cherche des expériences nouvelles. Il invente des instruments qui viennent en aide à ses sens : microscope, télescope, téléphone, et franchit ainsi les obstacles qu'opposait l'espace à ses processus sensoriels. Il apporte plus de raisonnement à ses observations; il applique des méthodes et fait usage d'appareils dans ses expérimentations scientifiques. Cet accroissement de la complexité des idées est accompagné d'un accroissement de leur intégration, car la synthèse est la loi de l'existence psychique. La synthèse et l'analyse sont le résultat l'une de l'autre et se soutiennent mutuellement. Nous pouvons maintenant comprendre sous quel rapport l'évolution humaine diffère de celle des autres formes de vie. Nous découvrons une évolution des idées qui vient s'ajouter à l'évolution organique primitive. L'évolution des idées a commencé nécessairement, comme nous l'avons montré, en même temps que l'emploi du langage, et continuera probablement longtemps après que l'évolution physique aura fait place à la dissolution. Mais l'évolution générale des idées est souvent accélérée par l'évolution physique d'un peuple particulier. Il y en a de remarquables exemples dans l'histoire de la civilisation, chaque fois que les systèmes intellectuels et moraux d'un peuple conquérant ont été répandus sur la terre par la force des armes, par ce qui semble être simplement une évolution du plus fort. En dernière analyse, l'évolution sociale consiste essentiellement en une évolution des idées. Mais, il faut s'en souvenir, les idées qui survivent et se répandent sont celles qui sont les plus utiles à l'humanité, c'est-à-dire celles qui contribuent directement ou indirectement à l'exercice des fonctions primaires de la vie. Le résultat obtenu est une plus grande somme de bonheur et une vie plus complète.

Comme nous l'avons prouvé dans les pages qui précèdent, la plupart des lois de la sociologie ne sont que des applications spéciales des lois déjà rencontrées en physique, en biologie, en psychologie. Certaines lois sont particulières à la sociologie, dans ce sens que sans société, consociation, ou groupements d'individus semblables en contact les uns avec les autres, ces lois ne pourraient pas exister. Ainsi la question d'hérédité précédemment examinée rentre dans la sociologie, parce qu'elle concerne certaines relations entre individus. Du fait même d'un contact dérive directement le principe d'un conflit nécessaire des intérêts individuels et de la limitation des activités individuelles. C'est sur ce principe qu'est basée la loi de « liberté égale », formulée par Spencer. Des limites imposées aux individus résultent les phénomènes que nous avons exprimés sous les termes généraux suivants : lois de la tendance à la différentiation, à la spécialisation, à la division du travail, à la coopération, au contrôle social. Dans certaines grandes sections de l'activité humaine, nous arrivons à cette conclusion que ce sont là, pour l'homme, les moyens d'évolution et de survivance des plus économiques et que, pour cette raison, elles persistent comme moyens. Sur ces principes sociologiques, on pourrait écrire de longs chapitres ; mais les limites de notre ouvrage ne nous permettent pas de leur consacrer un plus grand espace. Le chapitre VIII est consacré, d'ailleurs, à l'examen des agents de contrôle social et de suggestion sociale[1]. Comme l'a montré Spencer[2], la division du travail résulte en partie de l'influence de l'hérédité.

Une autre loi sociologique dont l'évidence apparaît suffisamment, c'est que tout changement dans les activités secondaires ou sociales dépend des changements qui se produisent dans des activités primaires. Ces dernières évoluent ; les premières n'évoluent pas néces-

1. Voir aussi dans le chapitre sur l'éthique des considérations sur leur avenir basées sur l'étude de ce qu'elles ont été dans le passé.

2. *Principles of Sociology*, vol. III, section 730.

sairement, mais se transforment. Une autre loi, qui s'applique au côté social des activités primaires, aussi bien que des activités secondaires, est celle-ci : les relations sociales tendent à passer de l'état de contrainte à l'état de contrat. Comme l'a montré Spencer[1], c'est le résultat d'un changement plus fondamental dans la nature humaine, d'une évolution des idées et des sentiments relatifs à la liberté. Enfin on peut résumer un grand nombre de discussions sociologiques dans la loi suivante : La fonction de la société elle-même est « l'évolution de la personnalité ». C'est un moyen servant aux fins de l'individu et de la race[2].

Un des quelques sujets qui ne rentrent pas à proprement parler dans une des sciences mentionnées précédemment, c'est la question des lois du passage de l'égoïsme à l'altruisme, considérés comme moyens, du conflit de l'individualisme et du socialisme en tant que fins, et du passage de l'individualisme au socialisme considérés comme moyens. Pour ne pas avoir établi une distinction exacte entre l'individualisme et le socialisme, quand ils sont moyens et quand ils sont fins, on a laissé s'introduire une fâcheuse confusion dans les discussions sociologiques et socialistes.

Pour rester d'accord avec ce que nous avons dit quelque part dans ce livre[3], nous disons que ni le socialisme, ni la société elle-même ne sont des fins suffisantes et adéquates, si on les compare avec les intérêts bien plus importants de l'individu et de la race,

1. *Principles of Sociology*, section 815.

2. Comparer le chapitre consacré par Giddings à *la nature et le but de la société*, dans *Principles of Sociology*, p. 420, ainsi que Spencer, *Principles of Sociology*, section 661.

3. Voir pp. 323-326.

mais que, considéré comme moyen, le socialisme est bien plus économique que l'individualisme au point de vue d'un grand nombre d'activités humaines. Il y a donc tendance à faire prédominer le socialisme sur l'individualisme en tant que moyen. Le principe d'utilité (*expediency*), au sens le plus profond du mot, doit décider, dans chaque cas particulier, laquelle des deux doctrines est la plus applicable.

Si maintenant nous jetons un coup d'œil d'ensemble sur les lois étudiées dans ce chapitre, nous nous sentirons plus capables de déterminer celles qui sont le plus essentielles à la vie humaine, celles auxquelles il faut se rapporter pour expliquer les phénomènes anthropologiques et sociaux, et dont l'action ne s'étend qu'à des phénomènes ou à des activités de nature particulière. Nous remarquerons que les lois empruntées à la physique philosophique ou inspirées par elle occupent une place prépondérante par comparaison avec les lois dérivées d'autres sciences. Si ce mode de pensée peut se justifier, nous trouverons que l'anthropophysique est appelée à succéder dignement à l'anthropobiologie surannée. Ce ne sera pas seulement une réaction contre l'exagération emphatique des conceptions biologiques en sociologie, mais un progrès fait vers la découverte de ce qui est vraiment essentiel dans la vie humaine, ainsi que dans l'existence en général. Bien que l'anthropostatique ait été placée sur le même pied que l'anthropodynamique, dans notre division systématique des sciences anthropologiques, il faut remarquer cependant que presque toutes les lois que nous avons étudiées sont des lois de dynamique plutôt que des lois de statique, des lois de causalité, bien plus que des lois de coexistence. Et, à ce qu'il nous semble, il en doit être ainsi. En termes plus généraux, la coexistence, comme nous l'avons dit quelque part, est accidentelle, tandis que la causalité est essentielle. Il est facile de connaître ou de déduire les coexistences, si l'on saisit toutes les causes existantes, leur valeur relative et leur direction. La causalité est toujours uniforme; les coexistences ne le sont pas.

Enfin, parmi les lois les plus marquantes de notre liste et qui fournissent les principales explications de la vie individuelle et de la vie de la race, nous pouvons signaler les lois d'adaptation, d'évolution (surtout de l'évolution des idées), de la direction suivant la moindre résistance, de la dépendance du milieu, de la dépendance réciproque des activités. Les principales lois relatives aux moyens sont, semble-t-il, les suivantes : ce qui est le plus économique survit; la suggestion sociale et le contrôle social sont les moyens les plus économiques de coopération. Le terme de survivance est le mot essentiel du système tout entier. Il explique tous les phénomènes humains du passé et du présent, et, en tant que fin éthique, devient notre guide pour l'avenir. Cette pensée nous servira de transition pour aborder le chapitre final : L'anthropologie appliquée à l'éthique.

CHAPITRE V

APPLICATIONS

S'il est vrai que la valeur de tout système philosophique se prouve par les résultats que donne sa morale appliquée à la vie, notre tâche dans ce chapitre de conclusion est nettement indiquée. Nous essaierons d'esquisser un système positif de morale au point de vue anthropologique. Pour exposer en détail un tel système, il faudrait un volume, ou plutôt une série de volumes, un pour chacune des grandes divisions de l'activité humaine ou du devoir humain. Mais il ne sera pas inutile de jeter un coup d'œil général sur ce domaine tout entier. Tout ce que nous examinerons peut rentrer dans un chapitre de l'éthique en tant que prévision plutôt que dans un chapitre de l'éthique en tant qu'action, pour nous servir des termes employés dans un des chapitres précédents[1].

Nous considérerons l'avenir et les fins éthiques plutôt au point de vue objectif qu'au point de vue subjectif. En examinant les fins de la vie individuelle, nous les considérerons seulement comme des moyens d'atteindre les fins les plus hautes de la race et de l'univers. Les moyens que l'individu pourra employer pour réaliser

1. Voir *Méthodes en morale*, chap. III, p. 60-63.

ses fins seront indiqués brièvement au point de vue objectif, et nous ne chercherons nullement à déterminer la ligne de conduite que l'individu devra suivre.

Étant donné les théories soutenues par cet ouvrage, nous pouvons définir l'éthique : la science et l'art de la conduite morale. Comme l'a dit Spencer : « Considérée comme comprenant les lois de la vie morale et pratique en général, l'éthique a un champ beaucoup plus étendu que celui qu'on lui assigne communément. En dehors des règles de conduite communément approuvées comme bonnes, ou réprouvées comme mauvaises, elle embrasse toutes les règles de conduite favorisant ou empêchant, directement ou indirectement, le bien-être de soi-même ou des autres »[1]. La philosophie matérialiste, comme nous le verrons bientôt, réduit le « doit-être » de la morale à un « il faut » ou à un « sera ». La philosophie positiviste démontre que le but de la science doit être la prévision. Donc, en éthique, et en nous plaçant à ce point de vue, nous ne pouvons savoir ce qui devra être, ce qu'il faudra, ou ce qui sera, si nous ne savons pas parfaitement ce qui est et ce qui a été, en fait de conduite morale. Ici, comme dans d'autres sciences et arts, nous jugeons de l'avenir par le passé. Le domaine de recherche de l'éthique s'agrandit dès lors extrêmement. Elle ne se bornera plus à tirer des déductions abstraites au sujet de la nature de la fin éthique et des règles de l'action juste ; elle découvrira par induction cette fin éthique et appuiera ses décisions relatives à la moralité des actions futures sur la connaissance qu'elle aura acquise des actions passées et de leurs résultats. C'est dans ce système positif d'éthique,

1. *Principles of Ethics*, vol. I, p. 281.

on le conçoit, que cette importante étude place tout son espoir. Les systèmes déductifs d'éthique ne résistent pas aux assauts de la critique, qui a déjà renversé tous les autres systèmes n'ayant pas l'induction pour base.

On verra sans peine qu'avant de pouvoir dire avec confiance quelles actions sont pourvues ou non de qualités morales il nous faudra dominer du regard tout le champ d'action. Cela constituera ce que nous avons appelé, dans une page précédente, « la science de la praxéologie » ou de la conduite en général. Comment reconnaîtrons-nous les actions « morales »? Ce sont, pour parler comme les anciens moralistes, celles qui « doivent être » accomplies, c'est-à-dire celles qu'accompagne le sentiment d'obligation. Il est « bien » de les faire. Il est « mal » d'en faire d'autres. Ne pouvons-nous pas, d'après la constitution même de l'être humain, nous former une conception profonde de ce qui est bien ou mal? Chaque action qui satisfait la nutrition et toute la série des besoins humains n'est-elle pas une action bonne? C'est ce que nous allons tâcher de démontrer dans les pages qui suivent. Provisoirement nous nous en tiendrons à cette définition de la conduite bonne et morale. Mais nous avons vu qu'il était impossible de comprendre parfaitement les fonctions biologiques et le jeu de la plupart de ces fonctions sans avoir étudié la vie animale et la vie végétale aussi bien que la vie humaine. La conclusion inévitable, c'est que l'éthique, l'étude de la bonne conduite, doit comprendre également l'éthique animale et l'éthique végétale. Cependant ce n'est pas l'éthique au sens le plus large du mot que nous étudierons dans ce livre, mais seulement l'éthique de la vie humaine. Nous ne ferons qu'une très petite place aux contributions importantes qui pourraient être fournies à cette étude par celle de l'éthique animale. Pour plus de détails sur cette question, que le lecteur se reporte aux *Principles of Ethics* de Spencer.

L'éthique en tant qu'art commence là où finit la philosophie en tant que science. Les principes fondamentaux de l'art, de la bonne conduite, dérivent des dernières généralisations de la science et de la philosophie de la conduite. Au sens absolu, on ne peut jamais savoir ce qui devra être fait, sans connaître à fond tout ce qui est fait et tout ce qui a été fait. La science traite du passé et du présent; l'éthique traite de l'avenir. La science étudie ce qui est; l'éthique étudie le devenir. Comme le but de la science est de se transformer en art et de satisfaire ainsi les besoins humains, il est bien plus nécessaire d'avoir une philosophie de l'art qu'une philosophie de la science. Pourtant ce que l'on a fait sur ce sujet est rarement imprégné des tendances du XIXe siècle. On commence seulement à donner à l'éthique cette certitude, cette exactitude de méthode que Bacon donna à la science, il y a quelques centaines d'années. Mais il faudrait avoir encore plus de génie que Bacon pour déterminer le champ entier de l'activité humaine et coordonner les myriades d'actions de millions d'êtres humains en un système qui serait à la fois le plus économique et le meilleur. Jusque-là tous les arts pratiques qui s'appliquent aux forces sociales, comme les grandes entreprises politiques ou pédagogiques, de même que tous les arts industriels, travailleront aveuglément, parfois en se contrariant réciproquement, et avec une dépense inutile d'énergie. S'ils ont pu jusqu'ici réussir comme ils l'ont fait, c'est uniquement parce que, d'après la loi de l'évolution, les formes inutiles ou inaptes ont été détruites. Les hommes ont adopté de meilleurs systèmes simplement parce que, en vieillissant, ils avaient une base de progrès plus stable que leurs prédécesseurs. Ce qu'il faut, c'est aider et diriger d'une façon rationnelle cette force aveugle de l'évolution des choses humaines. Et cela afin qu'une génération puisse accomplir ce que l'action inintelligente du passé a mis des siècles à accomplir.

A ce point de vue, on le comprend, tous les arts industriels et sociaux sont subordonnés au grand art de la conduite humaine, à l'éthique. Tous traitent seulement des moyens et des fins immédiates qui contribuent à amener la grande fin éthique de l'individu, c'est-à-dire la vie complète.

Il faut maintenant envisager la question suivante : Une étude comme celle de l'éthique serait-elle possible dans le cas où le libre arbitre n'existerait pas? Certains théoriciens ont déclaré que, si on admet cette hypothèse, il ne pourra y avoir ni obligation ni devoir, ni impératif, ni responsabilité, ni culpabilité, et par suite rien ne justifiera ni les punitions ni les récompenses. Tout acte humain s'accomplira sous l'impulsion de l'inexorable et universelle loi de causation. L'homme n'est qu'une machine arrivant au monde avec certaines facultés, avec un certain agencement complexe de matière et d'énergie, et obéissant au milieu physique et social qui le force à agir comme il le fait. Les criminels, dit cette théorie, sont nés criminels et ne devraient pas être punis pour des actes qu'ils ne peuvent pas ne pas commettre. Cependant nous essaierons de démontrer que l'on peut admettre le déterminisme sans se heurter nécessairement à ces difficultés, et que les châtiments et les récompenses seraient les mêmes dans une philosophie déterministe que dans un système admettant le libre arbitre. Nous montrerons que le même acte est bon ou mauvais à un point de vue comme à l'autre, et que, logiquement, les partisans des deux théories arrivent aux mêmes conclusions pratiques en ce qui concerne les fins immédiates, c'est-à-dire ce que l'on fera, ce qu'il faudra ou ce que l'on devra faire dans un avenir immédiat. Les différences ne portent, en général, que sur les mots : Le « devoir » de l'homme reste un « devoir », qu'on l'appelle « devoir » ou « nécessité ».

Un simple exemple montrera le peu de portée du reproche que l'on adresse souvent au déterminisme pour la façon dont il interviendrait dans le châtiment des criminels. Le criminel ou son avocat dira au juge qu'il ne peut s'empêcher d'être criminel, qu'il est né criminel, que le milieu l'a forcé à le devenir et que, par suite, il ne peut encourir une peine. Le juge pourra répondre : « Accusé, c'est un malheur pour vous; mais, de même que vous fûtes prédestiné à commettre ce crime, je fus certainement prédestiné à vous en punir, et, chaque fois que vous vous sentirez poussé à commettre un autre crime, souvenez-vous que la société sera poussée, elle aussi, à vous en punir par mon intermédiaire ou par l'intermédiaire de quelque autre. Peut-être que, si cette idée devient assez claire pour vous et s'implante solidement dans votre esprit, vous réagirez contre vos futures tendances criminelles et deviendrez un citoyen honnête. »

L'affirmation philosophique est très semblable. Le « doit » du libre arbitre devient le « sera » ou le « il faut » du déterminisme. Ce qui est moral et bon pour une doctrine est moral et bon pour l'autre aussi. Sous la loi de causation, on appliquera le même système de récompenses ou de châtiments que croient nécessaires ceux qui admettent la volonté libre. L'avantage de la doctrine déterministe, c'est qu'elle introduit de l'exactitude dans le domaine de l'éthique, ce qui était impossible lorsque les actions éthiques dépendaient de la connaissance et de la conscience humaine. Le bien arrive parce qu'il ne peut pas ne pas arriver et non point parce que tel ou tel système d'éthique peu solide, parce que tel ou tel individu sujet à se tromper pense que telle bonne action doit être accomplie. On peut dès lors donner à l'étude des peines et des récompenses une exactitude de détermination interdite à l'ancienne philosophie admettant le libre arbitre.

Le monde, univers physique et société, est constitué de telle sorte qu'il récompense les actions bonnes avec autant de certitude qu'il punit les actions mauvaises. Si l'homme bon est moralement le plus apte à survivre à son époque ou à sa génération, si ses activités sont les mieux préparées à atteindre les fins du présent immédiat, plutôt que celles d'un idéal lointain pour lequel le monde n'est point prêt, ce monde est disposé à reconnaître la valeur de cet homme et à l'aider dans ses efforts.

L'existence de ce stimulant et de cette satisfaction est une réponse partielle à ceux qui soutiendraient que, dans un système de conduite aussi mécanique, une activité hautement et purement éthique n'aurait point de motif suffisant. Il faut reconnaître que l'action éthique serait en grande partie un résultat de l'hérédité et qu'il se trouverait des individus infortunés qui, s'ils comprenaient la philosophie de l'éthique, sentiraient que leur cas est désespéré, même si les influences de la société qui les entoure pouvaient réagir contre leurs tendances naturelles et susciter en eux l'éveil de forces nouvelles. Mais ces infortunés sont une infime minorité, et il faut espérer que leur espèce ne se perpétuera pas aussi facilement à l'avenir qu'à présent. D'un autre côté, l'homme doué de quelques instincts moraux peut être fier en ayant conscience d'être un facteur du progrès de la race ; de ce que l'évolution de la société dans son ensemble dépend, pour certains détails particuliers, des bonnes actions qu'il se sent poussé à accomplir; de ce qu'il a été choisi pour devenir le pivot de certaines forces dans cette puissante évolution; enfin de l'influence de son action sur les intérêts non seulement de sa propre existence, mais d'innombrables existences futures. Et non seulement cette pensée : « Il me faut faire ceci », mais les pensées suivantes : « Ceci dépend de moi » et « je dois accomplir bien cette action », inspirera à l'homme cette autre pensée : « Je suis reconnaissant de l'honneur qui m'est conféré par là, je suis fier de mon office, de ma fonction sociale. » Cela suffit, pensons-nous, à inspirer les plus nobles actions de la race, s'il en est de nécessaires encore en dehors des impulsions ordinaires du cœur humain.

Et les considérations de ce genre deviendront de plus en plus efficaces à mesure que les hommes pourront acquérir une idée philosophique et positive de la morale. Dans la plupart des actions éthiques, le devoir immédiat est clairement indiqué. Cependant, la fin ultime qu'atteindra la somme totale des actions n'a jamais été comprise de même façon par les philosophes qui ont étudié les règles de la conduite humaine. Il peut y avoir une fin éthique pour la race, — évolution ou survivance, — et pourtant cette fin n'est peut-être qu'un moyen d'arriver à une fin plus haute de l'activité universelle, fin que nous sommes incapables de concevoir. L'homme est-il l'être le plus élevé dans tous les mondes innombrables qui nous entourent ? Les intérêts et la perfection de sa vie ou de son bien-être sont-ils plus importants que les intérêts d'autres êtres ? La place qu'il occupe dans l'espace et dans le temps est si insignifiante que cela semble presque impossible. Bien plus, ses intérêts doivent-ils exclure ceux de la nature inanimée et ceux de tous les êtres d'autre espèce qui vivent autour de lui ? Ou bien n'est-il avec eux qu'une simple partie de la vaste évolution tendant vers une fin qui dépasse notre force de conception ?

Il semblerait résulter naturellement d'une philosophie évolutionniste que l'évolution est, sinon la fin absolue, du moins un élément de cette fin absolue. En ce qui concerne le passé, il est vrai que toutes choses, non seulement dans notre monde terrestre, mais dans tout notre système solaire, ont travaillé en vue d'une évolution, et les résultats que nous observons sont admirables, s'ils sont jugés au point de vue éthique quelconque. Nous pouvons tout aussi bien admettre que cette évolution continuera pendant un nombre infini d'âges à venir, et que tout ce qui sera d'accord avec cette évolution sera parfaitement éthique et trouvera, dans ce fait, la justification de sa survivance. Il semble étrange que cette idée sur la fin éthique ne se soit jamais présentée à l'esprit du maître de la philosophie évolutionniste, Herbert Spencer ; cela est en parfait accord avec sa philosophie et, en fait, c'en est la conséquence logique. Mais il est resté fidèle à l'ancien et grossier principe de l'utilitarisme, le bonheur.

Autant que l'auteur puisse le savoir, cette idée n'a jamais été discutée avant ces derniers temps. Benjamin Kidd y a fait clairement allusion dans la note suivante, mais en la rejetant : « Si nous pouvons admettre la réalisation universelle comme comprenant cette conception que le souverain bien est l'avancement des processus évolutifs que la race subit, etc.[1]. »

Ward l'a mentionnée dans le passage suivant, en appréciant beaucoup mieux sa valeur : « Dans ce qu'on a appelé très justement et très à propos la téléologie évolutionniste, la plus grande conception que l'on se soit faite de la véritable fin de la vie organique est l'idée de la transformation de la matière inorganique en matière organique... D'autres ont supposé que le grand but de la vie organique était l'évolution, c'est-à-dire la production d'une série ascendante de types de plus en plus élevés[2]. »

Mais Ward ne fait pas participer le monde inorganique comme le monde organique à cette évolution. Bien plus, il fait remarquer un point faible dans cette idée, en signalant ce fait qu'au lieu d'une évolution ascendante c'est parfois une dégénérescence qui résulte des processus cosmiques. En allant jusqu'au bout de notre conception, comme l'a fait Spencer dans ses *First Principles*, nous reconnaîtrons que l'évolution est complétée par la dissolution. Bien que l'évolution soit la loi des âges à venir dans notre système solaire, il est très probable que, si l'on considère l'univers dans son ensemble, évolution et dissolution vont toujours

1. Benjamin Kidd, *Social Evolution*, Edition américaine, p. 116, note.

2. Lester F. Ward, *Psychic Factors of Civilisation*, Boston, 1893, p. 75.

l'une avec l'autre. Si l'énergie ne se perd point, il semble que le processus de l'une soit exactement compensé par le processus de l'autre. Si cela est exact, il se peut que l' « action » soit l'expression dernière du processus universel et de la fin universelle, et il est intéressant de noter que c'est le terme auquel on est arrivé en déterminant la fin dernière de la vie humaine. Si l'action, dans ce dernier sens, est définie comme comprenant les activités de chaque partie de l'être humain, l'action devient pratiquement ce que nous avons recommandé précédemment sous le nom de la « vie complète ».

Il suffit de réfléchir un moment pour voir que nous devons regarder plus loin que la fin de la vie humaine, sinon nous n'aurions pas une idée exacte de nos obligations envers les animaux. Nous avons des devoirs moraux envers eux, cela est admis, non seulement par les sociétés protectrices des animaux, mais même par la loi de certains pays. Ici les intérêts de l'être humain sont limités par les intérêts des animaux, et il est évident que leurs intérêts contribuent généralement à la poursuite de la fin absolue de l'éthique.

Mais nous n'avons pas encore vidé entièrement la question de la fin absolue. En fait, comme l'auteur le voit à présent, il n'y a pas une fin absolue unique, il y en a trois ou même quatre également absolues et, par conséquent, coordonnées. Et on ne peut pas les réduire à une expression unique, à moins d'en faire autant pour la matière et le mouvement. Nous devons songer que la méthode de la morale positiviste et déterministe est d'admettre simplement les lois fondamentales de la philosophie et de l'anthropologie comme applicables à l'avenir aussi bien qu'au passé. Par suite, il ne peut pas y avoir d'autre fin dernière que l'universel : ce qui a toujours été est maintenant et sera toujours, aussi bien dans la vie humaine que dans l'univers en général. Ainsi déduites, les fins éthiques coordonnées et absolues de l'univers sont la survivance, l'action, l'attraction et l'adaptation, si les lois qui régissent l'univers et, par suite, la vie humaine, ont été exactement formulées dans le chapitre précédent. Ces principes très généraux de l'éthique sont dérivés plutôt de la philosophie générale que de l'anthropologie philosophique. Car le domaine de cette dernière n'est pas assez étendu pour qu'elle puisse arriver à la notion de ce qui est réellement l'universel. L'éthique, dans toute son ampleur, détermine cependant l'éthique de la vie humaine, car l'humanité n'est qu'une portion du grand tout ; elle est gouvernée par les mêmes lois et soumise au même destin. Les fins de la race et de l'individu rentrent dans les fins de l'univers et sont en harmonie avec ces dernières.

La survivance en tant que fin éthique est un corollaire direct de la loi de l'indestructibilité de la matière. Si c'est là une loi finale de l'univers, nous ne pouvons naturellement imaginer aucun résultat du processus éthique, qui n'implique point la survivance matérielle. L'action, en tant que fin, est dérivée, de même façon, de la loi de persistance du mouvement. Le raisonnement est le même. En fait, le mot survivance peut être interprété comme comprenant à la fois la survivance de la matière et la survivance du mouvement. Mais, pour plus de commodité, nous garderons le terme d'action en rapportant cette fin aux aspirations relatives de l'individu et à sa vie journalière. Si les lois de l'attraction sont également universelles, comme nous le disions au chapitre précédent[1], il nous faut reconnaître également l'attraction comme un facteur dernier dans toute action éthique; mais, dans l'étude de la vie, il vaudra mieux ne pas faire usage de ce terme pour ne pas faire de confusion avec la superstition populaire d'une attraction s'opérant entre deux âmes semblables. L'attraction physique n'a nullement besoin d'être une fin consciente dans l'esprit du sujet agissant. Les forces centralisées en lui et les forces ambiantes agissant en vue de cette fin peuvent parfaitement se diriger elles-mêmes. L'adaptation est, comme on l'a vu[2], un corollaire inévitable et un résultat de la survivance de la matière et du mouvement. Il y aura toujours adaptation de partie à partie. C'est aussi, par suite, une fin du processus éthique; mais c'est également un moyen. L'adaptation est nécessaire à la survivance. Le terme qui exprime les deux aspects de ce fait serait : adaptation mobile; car l'adaptation d'un instant ne vaut que pour cet instant même et est par elle-même une cause de l'adaptation subséquente.

Peu nous importe si certains font remarquer qu'en admettant la survivance comme fin éthique nous adoptons le vieil adage : « Ce qui est, est bien », et cette affirmation : « Il n'y a ni bien ni mal, et, par exemple, l'acte d'un criminel est un acte juste. » Il suffira de répondre qu'il n'y a absolument aucune différence si nous appelons un acte bon ou mauvais; le résultat sera le même; la « récompense » ou la « punition » ne seront point modifiées. En réalité, suivant que nous adopterons le pessimisme ou l'optimisme, nous disons d'un acte qu'il est bon ou mauvais.

1. Pp. 274-275.
2. Voir p. 275.

Si nous sommes optimistes, admettant que le résultat du processus éthique tout entier est bon, nous admettons aussi que tous les facteurs qui y contribuent sont bons, à savoir que toute action et tout être sont bons. Cela revient à dire, mais au sens profond du mot : « La fin justifie les moyens. » La fin absolue justifie les moyens employés pour l'atteindre ; mais une fin inférieure ne justifie point des moyens incompatibles avec une fin supérieure. N'oublions pas que les moyens à employer sont entièrement relatifs ; à certaines époques, en certains lieux, les mêmes moyens sont beaucoup plus légitimes qu'en d'autres époques et en d'autres lieux, et, pour parler en termes optimistes : certains actes peuvent être mille fois meilleurs et plus économiques que d'autres. Ce que l'on punit, c'est le fait d'avoir négligé de choisir le meilleur. Ce que les justices humaine ou cosmique font cesser, c'est ce qui est mal adapté au présent, ce qui ne peut nullement devenir un élément permanent dans la vie ou la survivance. Plus une chose est essentielle et naturelle, meilleure elle est. Si elle est par essence un élément d'évolution permanent et non pas un élément passager, un hors-d'œuvre, elle trouve en elle-même sa justification. Les discussions relatives aux vocables *bien* et *mal* sont en grande partie une querelle de mots. Cela ne change rien à la chose, ni au résultat.

La survivance, l'action et l'adaptation ne sont pas seulement les fins absolues de l'être lui-même, mais les fins relatives de toutes les formes d'êtres aussi longtemps qu'elles existent. Par exemple, la survivance, l'action et l'adaptation humaines sont les fins de la vie humaine, fins absolues aussi longtemps qu'il s'agit de cette forme de la vie, mais fins relatives si on considère la disparition de la vie humaine se perdant dans l'être universel. Puisque la forme passe, la survivance, l'action et l'adaptation de la forme ne sont que des fins relatives et secondaires, des moyens en réalité, si on les compare aux fins de l'être en général. Nous pouvons établir une hiérarchie des fins ou des moyens (peu importe le terme que nous choisissons), correspondant à la hiérarchie des formes incluses dans l'univers : le cosmos, la vie, l'humanité, l'individu. Si nous ajoutons l'évolution à notre liste des fins relatives, en spécifiant bien qu'après une incommensurable suite d'âges elle sera suivie, dans notre système solaire, par la dissolution, nous pouvons, dans la pratique, admettre la hiérarchie suivante des fins. Elle commence par les fins inférieures, lesquelles deviennent des moyens pour la fin supérieure : 1° survivance, action, adaptation, fins pour l'individu, moyen pour : 2° survivance, action et adaptation de la vie humaine, moyens pour : 3° survivance, action et adaptation de la vie en général, subordonnées et contribuant en tant que moyen à : 4° survivance, action et adaptation de notre système solaire dans son évolution ; ces dernières en tant que phases du processus entier sont subordonnées à : 5° survivance, action, et adaptation de l'univers en général.

Si nous examinons maintenant les fins immédiates de la vie humaine, nous voyons qu'on peut les faire dériver de ces mêmes termes : survivance, action, adaptation et évolution, particulièrement du second, l'action. Toute action est toujours un plaisir ou une douleur ; de même toute action est une spécialisation ou vie complète. Nous avons ici, pour exprimer la fin éthique, deux mots qui sont familiers à nos lecteurs, plaisir et vie complète. Il faudrait maintenant démontrer que la douleur et la spécialisation peuvent être, à juste titre, considérées comme des fins, et que ce sont là des fins relatives en comparaison de l'action elle-même, et qu'on peut dire la même chose des autres idées habituelles, de réalisation de soi-même, de perfection et de bien-être. Nous devons honorer Guyau[1] d'avoir vu que la vie humaine a une fin supérieure à ces dernières, la conservation de la vie elle-même, ce que nous appelons ici survivance. Par induction aussi bien que par déduction, on peut en venir à cette conclusion que la douleur est un bien relatif au même titre que le plaisir. Raisonnant par déduction, nous dirons que l'un et l'autre dérivent de l'action, puisque la psychologie nous apprend que toute action est un plaisir ou une douleur. Si toute action est bonne, cette action particulière, l'action douloureuse, doit également être bonne et contribuer pour sa part à la réalisation de la fin dernière. Raisonnant par induction, nous remarquerons dans les actions réflexes et volontaires occasionnées par la douleur qui résulte de la défense personnelle contre les ennemis intérieurs ou extérieurs, de la fatigue, de la faim, la justification de la douleur en tant que bien relatif. Le principe utilitariste du bonheur est par suite insuffisant. Son incompatibilité avec la philosophie évolutionniste est prouvée à l'évidence par ce fait que l'évolution elle-même est produite par la douleur, par la lutte pour la vie, qui a pour résultat la survivance des plus aptes. Car cette lutte est, en elle-même, une partie de l'adaptation universelle. L'adaptation de l'individu à son milieu est souvent un combat

1. M. Guyau, *Esquisse d'une morale sans obligation ni sanction*, Paris, 1885, pp. 11, 12.

avec sa propre nature, une lutte d'idées et de sentiments qui cherchent à se dominer mutuellement. Ses efforts pour adapter le milieu à lui-même, sont bien plus encore une lutte, et, en particulier, la guerre qu'il est obligé de faire aux ennemis animaux ou humains, guerre qui a rempli la plus grande partie de l'histoire de l'humanité.

Mais, comme nous l'avons vu, elle est nécessaire dans l'évolution de la civilisation. La guerre a été bonne dans le passé en tant que moyen de réaliser la fin éthique; la lutte, au moins contre le milieu inorganique sera bonne de tout temps. L'exaltation du fort, l'évangile de l'action et de la force, trait dominant de la littérature récente des peuples qui montrent la plus grande aptitude à survivre, n'est pas éloignée de devenir la plus haute doctrine morale à ce point de vue[1]. Les races plus faibles doivent se soumettre à la direction de celles qui leur sont supérieures en civilisation ou disparaître. Aussi longtemps qu'elles résistent, la guerre est une nécessité, mais ce n'est là qu'une guerre entre la civilisation et la barbarie, non pas nécessairement entre états civilisés.

Par le terme « la vie complète », nous entendons l'existence ou la mise en jeu de chaque élément dans la constitution naturelle de l'individu humain, physique et mental. Ce terme explique la fin éthique de l'individu que, relative ou immédiate, tous les hommes devraient tâcher d'atteindre dans leur existence, en tant que cet effort n'est pas manifestement entravé par des fins plus hautes et plus absolues. Il est évident, par exemple, que, de temps à autre, les intérêts de l'indi-

1. Voir les derniers poèmes de Rudyard Kipling.

vidu se trouvent en conflit avec ceux de l'espèce, et dans ce cas la vie complète doit céder le pas à la survivance de l'espèce ou à son évolution.

On peut chercher de deux côtés divers la source de la vie complète en tant que fin éthique. Elle est déduite ou bien de la fin éthique absolue, évolution, puisque la vie complète de l'individu est un moyen d'arriver à l'évolution de la race, ou bien d'un simple coup d'œil jeté sur la nature de l'homme. Dans ce dernier mode, il suffit d'admettre une seule supposition, l'hypothèse optimiste que la vie elle-même est désirable et bonne. Cela résulte de cette idée que la forme de vie la plus élevée que nous connaissions, la vie des êtres humains est désirable, et que plus la somme de cette vie sera grande, mieux cela vaudra. Cela revient au fond à affirmer, comme nous l'avons fait, que la fin éthique de l'individu est la vie complète.

De l'action, nous déduisons les fins relatives de la spécialisation et de la vie complète. Pour dominer et utiliser la nature avec ses diverses ressources et ses divers climats, il est nécessaire à l'homme, étant donné ce qui est, de se spécialiser, c'est-à-dire, de s'adapter à des conditions extrêmement différentes, et dans bien des cas on n'arrive à cette adaptation que par une longue et lente série d'actions et d'inhibitions répétées. La vie, dans une communauté civilisée nécessite la spécialisation. Au plus haut degré de civilisation correspond la plus complète division du travail. Toutes ces formes de spécialisation empêchent la vie complète, si nous prenons ce dernier terme dans son sens naturel. Par suite, la vie complète est une fin relative, et on ne doit pas chercher à la réaliser aux dépens des fins absolues, l'adaptation et la survivance. Il faut certainement établir un certain équilibre entre la spécialisation et la vie complète. La prédominance de l'une ou de l'autre dépend des conditions de la vie en question. Il est à peine nécessaire d'expliquer séparément le terme de réalisation de soi-même; car il ressemble de bien près à la vie complète et devra être interprété à la lumière des mêmes fins absolues. Peut-être peut-on en dire autant du bien-être, terme auquel nous reprocherons d'être trop vague. Jusqu'à un certain point, si ce terme indique le bien-être individuel, c'est une fin relative vis-à-vis du bien-être humain en général, qui peut être ramené aux termes déjà employés, et est naturellement subordonné aux fins universelles de l'éthique absolue.

Le terme perfection a également des rapports très étroits avec la vie complète. On peut l'employer pour exprimer le résultat de la vie complète. Mais un état statique comme celui d'un être humain, quelle que soit sa perfection, ne peut être idéal au milieu du mouvement et de l'évolution sans trêve des choses qui nous entourent, s'il est dépourvu lui-même de vie et d'activité. Ceux-mêmes qui proposent cet idéal doivent admettre qu'il est impossible à réaliser et que, tout comme le mot de bonheur, le mot de perfection change de sens suivant les peuples. Il est beaucoup plus vague que le terme de vie complète, en ce qu'il ne peut être mesuré ni caractérisé d'une façon définitive.

Après avoir examiné brièvement, au point de vue positiviste, les principes moraux ordinaires, nous allons entreprendre le même travail pour quelques questions variées, dont certaines ont une importance capitale dans les discussions courantes. Nous considérerons comme admis et accepté ce que nous avons dit dans le chapitre précédent au sujet des lois selon lesquelles se produisent les phénomènes en question. Selon, par exemple, ce que nous avons dit à propos de l'énergie humaine, l'idéal éthique, dans les rapports entre l'homme et l'univers ambiant, n'est-il pas que l'échange d'énergie se produise en faveur du premier? L'évolution et le progrès humains ne doivent-ils pas être identifiés avec une augmentation de la réserve d'énergie latente de la race? Ne peut-on pas en dire autant de la vie individuelle dans ses rapports avec le milieu? ne peut-on pas dire que, jusqu'à ce que la dégénérescence et le déclin aient commencé, tant que l'âge mûr de la vie n'est point écoulé, la croissance de l'enfance et l'augmentation des forces peuvent s'expliquer de même? Si cela est exact, il s'ensuit que les activités humaines doivent être utilisées comme une recette et une accumulation d'énergie plutôt que comme une dépense, et que, aussi longtemps que l'énergie humaine agit sur le milieu ambiant, elle se dépense pour créer des choses utiles; celles-ci plus tard se transmuent en forme d'énergie humaine et de cette façon font retour à la race après s'être augmentées. Les substances que l'homme admet dans son organisme et qui seront tôt ou tard destructrices d'énergie, comme les stimulants pris à doses exagérées, sont à ce point de vue un très grand mal. Il est plus mauvais encore de dépenser de l'énergie pour produire ces éléments destructeurs d'énergie humaine. Les activités sociales devront être jugées de la même façon. De toutes les énergies dirigées contre les autres individus, celles-là seules trouvent leur justification, qui renforcent et concentrent l'énergie humaine pour sa lutte contre le milieu, par exemple, les activités éducatives et coopératives. Beaucoup d'énergie se perd dans l'action et dans la réaction sociales, qui ne peuvent par elles-mêmes rien ajouter à la somme totale de l'énergie humaine.

Quand on passe en revue la terminologie éthique et les discussions des problèmes éthiques, on voit combien il est nécessaire d'introduire plus d'exactitude dans les idées éthiques. Peu de gens ont songé à faire usage dans cette science des formules mathématiques. Cependant aucun art, aucune science ne seront complets, n'atteindront leur plus haut degré de puissance, tant qu'ils n'admettront pas cette exactitude dans les affirmations. L'auteur considère que le terme de « vie complète » peut être connu maintenant avec une exactitude mathématique; car, sur la plupart au moins de ses points particuliers, il peut être enfermé en des limites parfaitement définies. Comme nous l'avons déjà dit, par vie complète nous entendons l'exercice de chaque fonction humaine, physique ou mentale. Mais nul n'ignore que la somme d'exercice de certaines fonctions n'est compatible avec la conservation de la santé qu'à un minimum et un maximum bien déterminés. Si les muscles du bras ne sont pas exercés un nombre minimum de minutes par semaines, ils diminuent et sont endommagés par le manque d'exercice; s'ils s'exercent continuellement avec une certaine force, pendant un certain nombre d'heures chaque jour, ils sont endommagés par la fatigue et l'excès d'exercice. On a des exemples frappants de l'application de cette loi dans le cas de fonctions organiques, comme la digestion. Laissez l'estomac sans aliments pendant un certain nombre de jours, ou donnez-lui trop de nourriture pendant un certain nombre d'heures sans discontinuer, il en résultera, dans le premier cas, la mort, dans l'autre de sérieux désordres. Lorsqu'il s'agit de facultés psychiques, le problème de l'établissement des maxima et des minima d'exercice devient plus ardu. Mais là psychologie physiologique nous donne lieu de croire que la loi est vraie ici tout aussi bien que dans les cas précédents. Seulement, jusqu'ici, nous ne l'avions pas déterminée. Pour certaines sensations, on peut fixer, d'une façon précise, les limites au-delà desquelles l'action devient nocive et dangereuse. Il devient impossible à l'œil de voir une couleur particulière après qu'il l'a regardée pendant quelques minutes. De même, au-delà d'une certaine limite, le son peut occasionner la surdité. Certains phénomènes observés relativement aux émotions ne semblent point en contradiction avec ce que nous expliquons ici. Les sentiments de pitié et de bonté deviennent moins vifs lorsque, pendant des jours, pendant des semaines, on vit au milieu de gens accablés de souffrances ou d'injustices. Si l'on s'expose sans répit à cette émotion, elle finit par perdre de son acuité.

Ici, comme ailleurs, nous remarquerons la vérité qu'avait observée Auguste Comte, bien qu'il n'eût pas développé ce point dans son système de morale. Il fait, en passant, dans son livre sur la biologie, une remarque qu'il commence ainsi :

« En considérant maintenant les phénomènes communs à l'irritabilité et à la sensibilité sous le second aspect fondamental ci-dessus indiqué, c'est-à-dire quant à leur degré d'activité, les physiologistes ont à examiner les deux termes extrêmes d'une action exagérée et d'une action insuffisante, après lesquels vient se placer l'état normal intermédiaire d'une action convenablement modérée... Quant au degré intermédiaire, qui caractérise la santé, le bien-être, et finalement le bonheur..... [1]. »

Pour arriver à déterminer d'une façon plus précise son sujet essentiel, pour réduire en généralisations et en formules mathématiques les lois de l'exercice normal et bienfaisant et celles de l'exercice anormal et nuisible, il faut à l'éthique l'aide du physiologiste et du psychologiste; et cela non point seulement d'une façon vague pour la moyenne des hommes; mais pour les hommes, les femmes, les enfants d'âges divers, de métiers divers, de races diverses; la loi de la vie complète ne permettrait alors à un homme de devenir ni un fanatique en religion, ni un glouton dans la consommation de la nourriture. Nous n'aurons ainsi cette vague impression que parce que certaines fonctions sont « plus élevées »; elles peuvent s'exercer sans limites et supprimer les autres fonctions normales. Cette philosophie fermera le chemin à la monomanie, comme elle ferme le chemin à l'intempérance, ruine de l'organisme, dans l'exercice des fonctions physiques. Elle reconnaîtra, plus clairement qu'on ne l'a jamais fait jusqu'ici, la hiérarchie des diverses fonctions humaines, par rapport à leur importance dans l'économie humaine et l'attention dont chacune d'elles doit être l'objet. La nature a sagement rendu indépendantes de notre volonté certaines fonctions, comme les pulsations du cœur. Cependant il nous appartient d'examiner avec sagesse si certaines fonctions s'exercent plus souvent et avec plus de soin que les autres; c'est notre santé physique et mentale, c'est-à-dire notre santé morale, qui en dépendent.

1. Auguste Comte, *Cours de Philosophie positive*, Paris, 1830-1842, t. III, pp. 752-754.

De la loi de la vie complète considérée comme fin éthique on peut faire dériver le corollaire suivant : dans l'emploi des moyens nécessaires à la vie complète, il faut observer la plus stricte économie de forces. Il nous suffira de nous rappeler notre classification des activités humaines pour comprendre toute l'importance de ce principe. La plus grande partie de la vie est employée non pas uniquement à vivre la vie complète, mais aux efforts nécessaires pour se procurer les moyens et l'occasion de vivre cette vie complète. Le temps passé à manger est très court, si on le compare à celui qui nous a été nécessaire pour nous procurer la nourriture que nous consommons. Il est certain que, si le fardeau de ces activités indirectes est trop lourd, il ne reste plus à l'individu assez d'énergie pour exercer harmonieusement et convenablement toutes les facultés de sa nature. La psychologie physiologique a prouvé à l'évidence que l'individu ne dispose que d'une somme parfaitement limitée d'énergie pour chaque jour de sa vie. S'il doit l'employer tout entière pour se procurer les moyens de vivre, il n'a plus qu'une vie mesquine, atrophiée, et cette vie même peut lui échapper.

Cette loi a une grande importance dans toutes les questions sociales, car toutes les institutions sociales ne sont que des facteurs destinés à assister l'individu et à lui permettre d'atteindre à la vie complète. Il est bien évident, par exemple, que dans chaque cas la principale chose à considérer est l'économie du facteur social en question, comparé avec les facteurs sociaux et avec les activités individuelles, pour satisfaire les besoins de l'individu. La division du travail a survécu dans le processus de l'évolution sociale et a pris une immense extension, parce qu'on a reconnu qu'elle était extrêmement économique pour les races qui en faisaient usage. Où doit s'arrêter ce développement? Doit-il être poussé jusqu'aux formes extrêmes que demande le socialisme? Ce ne sont là, en ce qui concerne l'économie des moyens à employer, que des questions pratiques que soulève chaque cas particulier. Il est encore trop tôt, peut-être, pour tracer des limites rigoureuses entre l'effort individuel et la coopération, mais il est évident que certaines fonctions seront toujours accomplies plus économiquement par l'individu. Plus on s'approche des fonctions biologiques essentielles, plus ce principe semble vrai. La nature a fixé une limite à la coopération dans l'assimilation de la nourriture. Ce n'est guère que dans les cas anormaux qu'on a jugé opportun et économique de peptoniser la nourriture d'un individu avant de lui faire prendre cette nourriture. Il en est tout autrement des diverses fonctions intellectuelles. Non seulement un individu peut charger un autre individu de penser à sa place et d'approprier les pensées de cet autre, lorsqu'elles auront reçu une forme définitive, mais encore cette opération est une des choses qui font le mieux comprendre la marche de la civilisation. Car chaque génération s'est assimilée de cette façon de vastes systèmes de pensée qu'elle n'aurait jamais pu élaborer elle-même et qui lui ont été fournis par les générations antérieures. Le mécanisme compliqué de la civilisation se maintient par suite de ce patrimoine d'idées que se lèguent les générations et grâce aux procédés d'éducation qui font de ces idées la propriété de chaque individu.

Ward a dit avec beaucoup de vérité que le procédé

indirect de l'éducation était de tous les facteurs sociaux celui qui contribuait le plus à faire atteindre les fins de la vie. Il semble vrai également, dans certains procédés industriels, que plus une opération devient indirecte, plus elle est économique ; l'idéal industriel n'est pas que chaque individu fabrique lui-même sa montre, ou autres instruments compliqués nécessaires à son usage personnel, mais une division si complète du travail que les mains et les yeux de l'ouvrier aient l'habitude d'accomplir une partie très minime de chaque objet par des procédés très simples et extrêmement rapides. On ne peut pas dire que plus les moyens sont indirects et plus ils sont économiques, car il y a toujours une limite aux forces de ceux qui dirigent des entreprises compliquées, et coordonnent les diverses parties de vastes systèmes.

La spécialisation est la loi de la vie évolutive non seulement dans la philosophie et les sciences qui expliquent le passé, mais dans l'éthique de l'avenir. Individus et races doivent se spécialiser, c'est là un corollaire inévitable des lois précédentes, surtout de celles qui ont trait à l'économie des moyens, à la complexité des idées et à l'hérédité. Nous avons vu que les systèmes intellectuels croissent en complexité beaucoup plus que la capacité naturelle des individus. La conséquence nécessaire, c'est qu'un système ne peut devenir très efficace que si le travail nécessaire pour le comprendre et le mettre en pratique est partagé entre plusieurs individus de façon à ce que chacun reçoive seulement la partie de la tâche dont il sera capable de s'acquitter. La coopération est alors un corollaire nécessaire, afin que les activités individuelles puissent être coordonnées les unes aux autres et dirigées ensemble vers une fin intelligente. Un résultat naturel qui s'observe non seulement dans l'industrie, mais dans tous les grands champs de l'activité humaine, c'est que la subdivision du travail devient de plus en plus complète et la spécialisation de plus en plus rigoureuse. Cela continuera certainement tant que les systèmes ne seront pas devenus assez complexes pour enlever aux directeurs, administrateurs ou chefs d'industrie la possibilité de les contrôler et de les coordonner plus longtemps. En ce qui concerne le spécialiste individuel, il a d'autant plus d'action que l'objet de ses études est plus restreint, qu'il a moins de matériaux divers sur lesquels exercer sa pensée ; et plus cette pensée a de perfection, plus il acquiert de souplesse et de dextérité, plus il a de chances de découvrir de nouvelles idées, de faire de nouvelles inventions, lui permettant de simplifier de plus en plus sa tâche. Quoique en philosophie on n'ait pas accordé à ce principe de spécialisation la place qu'il mérite d'occuper, on le rencontre de nos jours dans la philosophie récente et la philosophie populaire, et il sert de plus en plus à expliquer les activités idéales et sociales. Cependant il ne faudrait pas le prendre comme loi dans un sens aussi général que les lois précédentes. Il contribue d'une façon plus lointaine à atteindre les fins supérieures de la vie humaine ; en tant que moyen, son efficacité doit être, sur chaque point, contrôlée par le système opposé d'individualisme ; un développement complet et harmonieux doit être combiné avec une éducation spécialisée. Dans bien des cas, sans doute, la vérité se trouvera dans un juste milieu entre ces deux extrêmes, et il est encore plus certain que toute spécialisation, pour donner le plus de résultats, devra être basée sur un harmonieux développement des facultés humaines. Puis, la spécialisation devra toujours être limitée par le principe plus essentiel de la vie complète et du bon équilibre des activités individuelles. Car elle n'est en dernier lieu qu'un moyen pour atteindre cette dernière fin et ne doit certainement pas accaparer le temps et l'attention de l'individu au point de l'empêcher de se développer pleinement et de satisfaire ses besoins.

Une grande différentiation des races et des individus serait une excellente chose si la terre doit être un jour complètement mise à la disposition de l'homme. Car l'aptitude à habiter des climats très différents et à résister à l'influence des milieux physiques dépend de la transmission héréditaire de constitutions très diversifiées. Et dans certaines régions il ne suffit pas d'une certaine hérédité, il faut encore une certaine éducation. Comme Ward[1] le fait remarquer, on a étudié assez profondément la question de spécialisation au moyen de l'éducation; mais on a beaucoup négligé la spécialisation due à l'hérédité et aux efforts intelligents; on s'est peu occupé d'établir ce qu'il appelle un système de stirpiculture. Nous renvoyons le lecteur à cet auteur pour les détails plus précis sur l'importance d'un pareil système et les difficultés qu'il rencontrerait sur son chemin.

Enfin vient « la loi de la liberté égale », loi dont Spencer a fait un des fondements de son principe de morale et qui se formule ainsi : « Chaque homme est libre de faire ce qui lui convient pourvu qu'il ne porte point atteinte à la liberté égale d'autrui[2]. » Cette

1. *Dynamic Sociology*, vol. II, pp. 393, 403, etc.
2. *Principles of Ethics*, New-York, vol. II, p. 46.

loi vient après la loi de spécialisation parce que tant que ce chaînon n'est pas atteint dans notre examen de la suite des moyens, il n'est pas évident que la coopération d'une société d'individus adultes soit une chose désirable; et ce n'est qu'une fois cette supposition admise que la loi de liberté devien nécessaire. Si l'état individualiste était l'état idéal, il serait inutile de limiter les actes d'un individu par les actes d'un autre. On ne peut faire de cette loi, comme l'a fait Spencer, le fondement de l'éthique, parce qu'elle ne reconnait aucune fin éthique au-dessus d'elle. Il n'est pas vrai que l'homme ait le droit de faire tout ce qu'il veut; il n'a que le droit de faire ce qui est bien. Mais cette loi a une grande importance. Nous trouvons en elle le germe de l'idée du gouvernement, dont la fonction fondamentale est de faire régner la justice parmi les hommes.

On peut donc diviser l'éthique en deux parties: L'éthique de la vie individuelle et l'éthique de la vie sociale. L'éthique sociale se confond dans son domaine avec la sociologie appliquée, et elle ne traite que les questions de bonne conduite concernant deux ou plusieurs individus. Plusieurs des lois citées précédemment, comme les lois de spécialisation et de liberté égale, sont des lois fondamentales de l'éthique sociale et rentrent plutôt dans cette dernière que dans l'éthique individuelle. Mais toutes ces lois servent de base aussi bien à l'une qu'à l'autre. Naturellement, dans l'étude des questions d'éthique sociale, il ne faut jamais perdre de vue la fin éthique et les lois fondamentales que nous venons de formuler. A ce point de vue, les questions relatives à l'industrie, au gouvernement et, en fait, à toutes les associations d'activités humaines, deviennent des questions morales. Il ne faut pas oublier cependant que toutes ces questions sont d'importance secondaire en morale. La société et les institutions sociales ne sont que des moyens à la disposition des individus. Il ne faut pas faire de la société une fin en soi. Ce ne sont pas ses intérêts, mais bien ceux de l'individu et de la race qui doivent être placés au premier rang. Les phénomènes fondamentaux de la reproduction, la protection et l'éducation des nouveau-nés sont par essence des phénomènes sociaux; cependant ils sont absolument essentiels pour la vie de l'espèce, et par suite, au moins dans leur forme la plus simple, doivent être placés au premier rang. La valeur de chaque autre forme de consociation, comme le gouvernement ou l'industrie, doit être évaluée, dans chaque cas, d'après les services qu'elle rend à l'individu ou à la race. Il faut apprécier de même la fonction du gouvernement et celle des autres facteurs sociaux en tenant compte de leur utilité et non pas d'après des considérations abstraites.

A cet exposé un peu grossier et un peu risqué de ce que l'auteur considère comme les premières lois dans la hiérarchie morale, il faut ajouter une des conceptions sociales les plus sérieuses et les plus mûries, et qui forme le sujet du second volume de la *Dynamic Sociology* de Ward. Faisant du bonheur la fin éthique, il essaye de montrer que « les diverses fins prochaines qui vont suivre constituent les vrais moyens d'atteindre les fins prochaines supérieures respectives, et par suite n'ont pas besoin d'être poursuivies comme fin et but en soi, de telle façon que la série entière supérieure aux moyens initiaux peut être parfaitement abandonnée à elle-même et toute l'énergie sociale concentrée sur les moyens initiaux :

A. Bonheur. Excès du plaisir ou de la joie sur la douleur ou la peine ;

B. Progrès. Conciliation des phénomènes naturels avec le bien-être humain ;

C. Action dynamique. Emploi de la méthode intellectuelle, inventive ou indirecte de conation ;

D. Opinion dynamique. Vues exactes sur les rapports de l'homme avec l'univers ;

E. Science. Connaissance du milieu ;

F. Éducation. Distribution universelle des connaissances existantes[1].

L'éducation est donc le moyen le plus important pour atteindre toutes les fins éthiques. Il serait exagéré cependant de dire « que toute l'énergie sociale doit être concentrée sur les moyens initiaux ». Si, dans la discussion qui précède, nos prémisses sont justes, les plus importantes activités humaines sont celles qui concourent directement à la satisfaction des besoins biologiques, et toutes les activités sociales, immédiates ou éloignées, doivent être appréciées d'après leur économie en tant que moyens. On pourrait combiner en une seule expression les deux termes employés par Ward, « opinion » et « science » ; car des « vues exactes » sont déjà une partie de la « science » d'un individu. On pourrait adresser la même critique au second terme de la série « progrès » ; tel qu'il est défini, le progrès équivaut pratiquement au « bonheur », et c'est seulement par une équivoque définition qu'on peut en faire d'un côté le résultat de « l'action » et de l'autre côté la cause du « bonheur ». Mais, si l'on ne s'arrête pas à ce qu'il y a là d'un peu artificiel, l'ouvrage de Ward est une des contributions les

1. *Dynamic Sociology*, vol. II, pp. 108-109.

plus sérieuses et les plus fouillées à l'éthique positive, c'est-à-dire à l'éthique telle que nous l'avons définie dans ce chapitre même; Ward, lui, donne à l'éthique un sens plus étroit et préfère donner à ce domaine d'études le nom de *Sociologie dynamique*.

Nous pouvons en passant formuler comme exemple la fin éducationnelle, montrant comment les fins relatives de tous les facteurs sociaux et de toutes les activités sociales peuvent être dérivées des fins de l'éthique positive déjà mentionnées. En ce qui concerne l'individu, la fin éducationnelle doit être de le préparer en vue de la vie complète et de la spécialisation, c'est-à-dire de le préparer à s'acquitter de sa fonction sociale. Si nous regardons plus loin, nous voyons qu'elle contribue à l'adaptation et à la survivance. Tous les facteurs éducationnels, toutes les méthodes d'éducation doivent être choisis en ne perdant point de vue ce principe. Spencer a établi fort habilement ce qu'il appelle *la hiérarchie rationnelle* des matières d'éducation; il distingue : « l'éducation qui prépare seulement à la conservation individuelle directe; celle qui prépare à la conservation individuelle indirecte; celle qui prépare aux fonctions parentales; celle qui prépare aux fonctions civiques; celle qui prépare aux divers raffinements de l'existence[1] ». Ward arrive à une conclusion analogue, lorsqu'il fait d'une éducation scientifique la chose essentielle dans la civilisation et le principal moyen de réaliser toutes les fins sociales[2]. Cela est parfaitement d'accord avec la théorie philosophique des déterministes, pour qui, étant donné certaines idées,

1. *Education, Intellectual, Moral, and Physical*, New-York, pp. 15, 16.
2. *Dynamic Sociology*, vol. II, p. 100.

certaines expériences, il en résulte inévitablement certains sentiments, certaines actions, et pour qui, par suite, la seule chose à faire pour produire l'action morale, c'est d'inculquer à l'individu des idées propres à déterminer cette action. L'éducation, comme le démontre Ward[1], doit être surtout une « éducation d'information »; car sentiments, actions, habitudes, tout cela trouve son origine dans les idées.

Dans les questions d'éducation, comme dans toutes les questions morales, où il y a toujours eu un peu d'incertitude au sujet des méthodes les plus rationnelles, il vaut mieux être conservateur que radical ou trop libéral. Tant que l'excellence d'une nouveauté n'est pas entièrement démontrée, le mieux est, jusqu'à ce que l'expérience en ait fait la preuve, d'en rester aux anciennes coutumes. Ce qui a survécu, c'est le plus apte et le meilleur, aussi bien en éducation et en éthique qu'ailleurs. Ce qui a été démontré comme bon par une longue expérience peut inspirer plus de confiance que quelque idée nouvelle. Même si l'on n'a pas en vue une fin éthique, le progrès continuel et le bien-être seraient assurés, pourvu que l'homme continuât à agir d'après ce principe : Conserver fermement les idées anciennes jusqu'à ce qu'il soit certain que quelque chose de meilleur a été découvert et éprouvé par l'expérience.

Enfin l'évolution des idées aussi bien que l'évolution organique doit être une fin de la vie humaine. Afin de produire une évolution de plus en plus élevée de l'humanité, nous devons nous efforcer de donner aux acquisitions intellectuelles une complexité de plus en plus grande. Mais il faut avoir ici plus de précision ; car il pourrait évidem-

1. *Dynamic Sociology*, vol. II, p. 568.

ment y avoir des systèmes de pensées très complexes pour des questions ayant relativement peu de portée, et dont l'importance directe, au point de vue de progrès de la race, serait bien faible. Il pourrait y avoir des systèmes extrêmement complexes de philosophie idéaliste; mais, si tous les hommes d'une nation étaient philosophes et n'appliquaient point ces idées à des institutions sociales et à des agencements sociaux également complexes, cette nation serait sans difficulté écrasée par une autre nation même fort inférieure à elle en culture intellectuelle. Il nous faut être guidés à la lumière des principes suivants : Dans notre système intellectuel, les idées seront les plus importantes qui mettront le plus directement en œuvre les fonctions biologiques essentielles. La première des choses, c'est que toute civilisation trouve une base solide et suffisante dans la nutrition, la reproduction, la protection et l'innervation.

C'est à regret que nous laissons de côté un grand nombre de questions morales fort intéressantes et en particulier le domaine tout entier de l'éthique pratique ou l'examen des moyens à employer dans la vie individuelle, et les principes qui seraient les plus utiles à l'individu pour le guider dans le choix de ses moyens. Mais l'auteur croit avoir accompli la tâche qu'il s'était imposée, en démontrant la possibilité d'un système adéquat d'éthique basé sur le déterminisme et le positivisme, voire même sur le matérialisme. L'esquisse que nous avons tracée dans le chapitre III des méthodes d'éthique pratique et d'éthique négative doit suffire pour le moment.

Il sera bon de terminer ce chapitre sur l'éthique par une table hiérarchique des fins éthiques précédemment discutées. Ce sera une façon de résumer les lois principales de l'anthropologie philosophique formulées au cours de ce volume[1]. Mais le lecteur ne doit pas oublier ce que nous avons déjà dit au commencement de ce livre. Les affirmations de l'auteur sont provisoires : l'auteur se réserve le droit de les modifier radicalement dans ses ouvrages postérieurs. Ce livre-ci n'est guère plus qu'un coup d'œil d'ensemble préliminaire sur le domaine de l'éthique positive et sur les branches de la science qui servent de base à un tel système. Il faut toute une vie de travail pour examiner les problèmes fondamentaux de l'éthique positive elle-même. Il faudrait plus de temps encore pour comprendre les principes et la pratique des arts sociaux et anthropologiques qui rentrent dans l'éthique.

1. Les fins seront rangées par ordre croissant en commençant par les moins élevées. Nous ne placerons pas sur cette liste l'attraction, pour les raisons indiquées page 139. L'évolution figure parmi les fins absolues; comme nous l'avons expliqué, page 141, bien qu'elle ne soit pas aussi universelle dans ses applications que les autres fins absolues figurant sur notre liste, nous pouvons la considérer comme leur étant égale à tous les points de vue de la direction pratique de la vie humaine. Les fins de chaque ordre sont en même temps des moyens pour les fins de l'ordre immédiatement supérieur.

HIÉRARCHIE DES FINS ET MOYENS ÉTHIQUES

I. *Fins sociales.*	a. Contrôle social.	1° Cérémonial.
		2° Religion.
		3° Gouvernement.
	b. Suggestion sociale.	4° Éducation.
		5° Communication.
II. *Fins individuelles.*	a. Vie complète. (Réalisation de soi-même, perfection, bien-être, bonheur et douleur.)	6° Fonction esthétique.
		7° Locomotion.
		8° Innervation.
		9° Protection.
		10° Reproduction.
		11° Nutrition.
	b. Spécialisation.	
	c. Action. Adaptation. Survivance.	12° De l'individu.
III. *Fins ethniques.*	Évolution (et dissolution).	13° De la race humaine.
IV. *Fins biologiques.*	Action.	14° De la vie.
V. *Fins cosmiques.*	Adaptation.	15° Du système solaire.
VI. *Fins universelles.*	Survivance.	16° De l'univers.

FIN

Vu et admis à soutenance,

Le 7 octobre 1899,

Par le Doyen de la Faculté des Lettres de l'Université de Paris,

A. Croiset.

Vu

et permis d'imprimer :

Le Vice-Recteur de l'Académie de Paris,

Gréard.

TABLE DES MATIÈRES

Tours. — Imprimerie Deslis Frères, rue Gambella, 6.

TOURS

IMPRIMERIE DESLIS FRÈRES

6, rue Gambetta, 6

www.ingramcontent.com/pod-product-compliance
Ingram Content Group UK Ltd.
Pitfield, Milton Keynes, MK11 3LW, UK
UKHW012219240726
13966UKWH00003B/846